Jonathan Swift

Vorzüglichste prosaische Schriften, satyrischen, humoristischen und andern Inhalts

Jonathan Swift

Vorzüglichste prosaische Schriften, satyrischen, humoristischen und andern Inhalts

ISBN/EAN: 9783743602687

Hergestellt in Europa, USA, Kanada, Australien, Japan

Cover: Foto ©ninafisch / pixelio.de

Weitere Bücher finden Sie auf **www.hansebooks.com**

Swift's und Arbuthnot's
vorzüglichste
prosaische Schriften,
satyrischen, humoristischen
und andern Inhalts.

Sechster Band

Mit Kupfern.

Leipzig,
in der Weygandschen Buchhandlung,
1799.

Inhalt.

Reise nach Laputa, Balnibarbi, Lugonag, Glubdubdrib und Japan.

1. Kap. Der Verfasser tritt seine dritte Reise an, und wird von Seeräubern gefangen genommen. Seine Ankunft auf einer Insel, und Aufnahme in Laputa.   Seite 1

2. Kap. Anlagen und Launen der Laputer. Nachricht von ihrer Gelehrsamkeit. Vom Könige und seinem Hofe. Aufnahme des Verfassers daselbst. Die Einwohner schweben in Furcht und Unruhe wegen großer Weltrevolutionen. Nachricht von ihren Weibern.   12

3. Kap. Auflösung eines Phänomens aus der heutigen Philosophie und Sternkunde. Große Fortschritte der Laputer in der letztern. Art und Weise des Königs, einen Aufruhr zu unterdrücken. 28

Inhalt.

4. Kap. Der Verfasser verläßt Laputa, wird nach Balnibarbi geführt, und kommt in der Hauptstadt des Landes an. Beschreibung der Hauptstadt und Gegend umher. Gastfreie Aufnahme des Verfassers bei einem gewissen großen Herrn. Seine Unterredung mit diesem Herrn. S. 39

5. Kap. Der Verfasser geht in die große Akademie zu Lagado. Umständliche Beschreibung derselben. Die Wissenschaften und Künste, denen sich die Mitglieder vorzüglich widmen. 50

6. Kap. Fernere Nachricht von der Akademie. Der Verfasser schlägt einige Verbesserungen vor, die sehr gut aufgenommen wurden. 65

7. Kap. Der Verfasser reiset von Lagado ab, und kommt nach Maldonada; findet kein segelfertiges Schiff, und macht eine Reise nach Glubbubdrib. Seine Aufnahme bei dem Statthalter. 76

8. Kap. Fernere Nachricht von Glubbubdrib. — Einige Verbesserungen in der alten und neuern Geschichte. 84

9. Kap. Der Verfasser reiset nach Maldonaba zurück; fährt mit einem Schiffe nach dem Königreiche Lugnagg, wird in Verhaft gesetzt, und nach Hof geführt. Seine Aufnahme daselbst. Große Gnade, die ihm wiederfahren. 95

Inhalt.

10. Kap. Lob der Lugnagger. Umständliche Beschreibung der Struldbrugs. Verschiedene Unterredungen, die der Verfasser über diesen Gegenstand und einigen vornehmen Personen geführt hat. Seite 103.

11. Kap. Der Verfasser verläßt Lugnagg, und segelt nach Japan; reiset von da auf einem holländischen Schiffe nach Amsterdam, und von Amsterdam nach England. 119.

Reise nach dem Lande der Houyhnhnms.

1. Kap. Der Verfasser macht als Schiffskapitain von neuem eine Seereise. Seine Leute verschwören sich gegen ihn, halten ihn lange Zeit in der Kajüte gefangen, und setzen ihn an die Küste eines unbekannten Landes aus. Er reiset tiefer ins Land. Beschreibung der Yahoos, einer sonderbaren Art Thiere. Der Verfasser findet zwei Houyhnhnms. 127.

2. Kap. Der Verfasser wird von einem Houyhnhnm nach einer Wohnung geführt. Beschreibung derselben. Aufnahme des Verfassers daselbst. Nahrung der Houyhnhnms. Verlegenheit des Verfassers in Ansehung der Lebensmittel, und wie er aus dieser Verlegenheit kommt. Seine Lebensweise in diesem Lande. 140.

Inhalt.

3. Kap. Der Verfasser bemühet sich die Sprache der Houyhnhnms zu lernen. Sein Herr lehrt ihm dieselbe. Beschreibung dieser Sprache. Einige vornehme Herren kommen aus Neugierde, dem Verfasser kennen zu lernen. Er giebt seinem Herrn eine Nachricht von seinen Reisen. Seite 152

4. Kap. Begriffe der Houyhnhnms von Wahrheit und Falschheit. Der Verfasser kommt in seiner Erzählung auf einige Punkte, worüber sein Herr empfindlich wird. Zuletzt macht er von seinen Angelegenheiten und seinen Abentheuern denselben eine umständlichere Erzählung. 163

5. Kap. Der Verfasser schildert seinem Herrn den Zustand Englands. Von den Ursachen der Kriege unter den Europäischen Mächten. Schilderung der Verfassung Großbrittaniens. 173

6. Kap. Fortgesetzte Beschreibung der Verfassung von England. Karakter eines Staatsminister an Europäischen Höfen. 185

7. Kap. Des Verfassers große Vaterlandsliebe. Anmerkung seines Herrn über des Verfassers Schilderung der Staatsverfassung und Regierung von England. Vergleichungen mit andern ähnlichen Fällen. Betrachtungen seines Herrn über die menschliche Natur. 198

Inhalt.

8. Kap. Der Verfasser erzählt noch verschiedene besondere Umstände von den Yahoos. Vortrefliche Eigenschaften der Houyhnhnms. Ihre Erziehung und Jugendübungen. Ihre allgemeinen Versammlungen. Seite 212

9. Kap. Allgemeine Volksversammlung der Houyhnhnms, 223

10. Kap. Des Verfasser Hauswirthschaft und glückliches Leben unter den Houyhnhnms. Sein Wachsthum in der Tugend durch den Umgang mit ihnen. Ihre Unterredungen. Dem Verfasser wird von seinem Herrn angedeutet, daß er aus dem Lande reisen müsse. Er fällt über diese Nachricht in Ohnmacht, und ergiebt sich in sein Geschick, bauet mit Hülfe eines Bedienten einen Nachen und wagt sich auf die See. 233

11. Kap. Des Verfassers gefährliche Reise. Er kommt in Neu-Holland an, hofft sich daselbst niederlassen zu können, und wird von den Einwohnern mit einem Pfeile verwundet. — Man schleppt ihn in ein Portugiesisches Schiff. Artiges Benehmen des Kapitains gegen ihn. Ankunft des Verfassers in England. 248

12. Kap. Des Verfassers Wahrheitsliebe. Seine Absicht bey Herausgabe dieses

Inhalt.

Werk. Sein Urtheil über die Reisebeschreiber, welche von der Wahrheit abweichen. Er protestirt gegen alle Verdrehung und falsche Auslegung seiner Worte. Beantwortung eines Einwurfs. Methode, Kolonien zu pflanzen. Der Verfasser lobt sein Vaterland, und rechtfertigt die Ansprüche an alle die Länder, die er beschrieben. Schwierigkeit, sie zu erobern. Der Verfasser nimmt vom Leser Abschied, erzählt, wie er seine übrige Lebenszeit zubringen will, giebt noch einen guten Rath, und beschließt sein Werk. 264

Reise
nach
Laputa, Balnibarbi, Lugonag, Glubbdrib und Japan.

Erstes Kapitel.

Der Verfasser tritt seine dritte Reise an, und wird von Seeräubern gefangen genommen. Doppelt eines Holländers. Seine Zuflucht auf einer Insel, und Aufnahme in Laputa.

Ich war noch nicht zehn Tage in meinem Hause, als Herr William Robertson, aus Kornwallis, Schiffskapitain von der guten Hoffnung, einem Schiffe von dreyhundert Tonnen, mich besuchte, bei dem ich ehemals auf einem Schiffe, das nach der Levante gieng, das er als Kapitain kommandirte, und wovon er den vierten Theil selbst besaß, Wundarzt gewesen. Er hatte mich beständig, mehr als einen Bruder als einen Subalternen behandelt. Als er mir daher jetzo, nachdem er meine Zurückkunft erfahren, einen Besuch abstattete, so hielt ich solchen bloß für einen freundschaftlichen Zuspruch, weil nichts weiter dabei vorfiel, als was nach einer langen Trennung unter Freunden gewöhnlich ist. Er wiederhohlte öfters seine Besuche, bezeugte mir seine Freude über mein Wohlbefinden, und fragte mich, ob ich für immer zu Hause zu sitzen beschlossen hätte; er wollte in zwei Monaten nach Ostindien gehen. Endlich ladete er mich sogar ein, ihm wieder als Wundarzt auf einem Schiffe beizustehen. Ich sollte außer den zwei gewöhnlichen Gehülfen noch einen Unterchirurgus und doppelten Gehalt haben. Auch wolle er, da er meine Einsichten in der Seefahrt kenne, sich verbindlich machen, meinem Rathe zu folgen, als wenn ich Mitbefehlshaber des Schiffes wäre.

Er sagte mir so viele verbindliche Sachen, und ich kännte ihn als einen so ehrlichen Mann, daß ich seinen Antrag nicht abschlagen konnte. Besonders da bei mir die Begierde fremde Länder zu sehen, ungeachtet aller ehemaligen dabei ausgesetzten Gefahren, noch eben so groß war, als sie je gewesen. Die einzige Schwierigkeit war nur noch, meine Frau zu bereden, deren Einwilligung ich zuletzt auch wegen der für sie

1. K. Der Verf. tritt seine tollte Reise an.

uns Ihre Kinder daraus zu erwartenden Vortheile erhielt.

Wir giengen den fünften Aug. 1706 unter Segel, und kamen den eilften April 1707 bei dem Fort St. George an, wo wir, uns drei Wochen aufhielten, damit die Kranken, deren wir viele hatten, genesen und sich erquicken könnten. Von da fuhren wir nach Tunkin, wo der Kapitain einige Zeit zu bleiben beschloß, weil die meisten Güter, die er kaufen wollte, noch nicht fertig waren, und er nicht daran denken konnte, früher als in etlichen Monaten abzusegeln. Um wenigstens einige von den Kosten, welche dieser Aufenthalt ihm verursachte, wieder zu gewinnen, kaufte er eine Schaluppe, beladete sie mit verschiedenen Waaren, womit die Tunkinesen gewöhnlich nach den benachbarten Inseln handeln, und besetzte sie mit vierzehn Mann, unter denen drei Eingebohrne des Landes waren. Mich machte er zum Befehlshaber der Schaluppe, gab mir Vollmacht, die Waaren nach meinem besten Dünken umzusetzen, indeß er seine Sachen zu Tunkin berichtigte. Wir waren kaum drei Tage gesegelt, als sich ein grosser Sturm erhob, der uns fünf Tage nach Nordnordosten, und alsdann gerade nach Osten trieb, worauf schönes, obgleich mit starken Westwinden begleitetes Wetter folgte. Am zehnten Tage wurden wir von zwei Seeräubern gejagt, die uns bald einhohlten, denn meine Schaluppe segelte wegen der schweren Ladung sehr langsam; und wir waren nicht im Stande uns zu vertheidigen.

Beide Seeräuber enterten uns fast zu gleicher Zeit, und sprangen mit Muth, jeder an der Spitze seiner Leute auf uns los. Meinem Befehl zufolge fanden sie uns aber alle mit dem Gesicht auf der Erde liegen; banden uns daher mit starken Stricken, ließen alsdann eine Wache bei uns, und durchsuchten die Schaluppe.

Ich bemerkte unter ihnen einen Holländer, der einiges Ansehn zu haben schien, ob er schon nicht eigentlich Befehlshaber auf einem dieser Schiffe wär. Er sah bald an unsern Kleidern und unserem Aeußern, daß wir Engländer wären, polterte in seiner holländischen Sprache einige Worte heraus, und schwor, wir sollten paar Weise mit den Rücken zusammengebunden ins Meer geworfen werden. Da ich etwas Holländisch konnte, so sagte ich ihm, wer wir wären, und bat ihn, er möchte in Betracht, daß wir Christen und Protestanten wären, und unser beiderseitiges Vaterland in einem nachbarlichen und

1. K. Der Verf. tritt seine dritte Reise an.

gegen Bündnisse zusammen stünde, die beyden Anführer bewegen, uns Gnade zu erweisen. Das entflammte seine Wuth noch mehr. Er wiederhohlte seine Drohungen, wendete sich zu seinen Kameraden, und sprach mit großer Heftigkeit auf Japanisch, wie ich glaube, zu Ihnen, wobei er sich oft des Wortes Christianos bediente.

Der Anführer des größern Raubschiffs war ein Japaner, der etwas holländisch, obgleich sehr schlecht sprach. Er kam zu mir, und nach einigen Fragen, die ich in aller Demuth beantwortete, sagte er: wir sollten nicht sterben. Ich machte dem Anführer eine sehr tiefe Verbeugung, wendete mich darauf gegen den Holländer, und sagte ihm, es thäte mir leid, daß ich bei einem Heiden mehr Mitleid fände, als bei einem Christen. Aber ich hatte bald Ursache, diese unüberlegten Worte zu bereuen, denn dieser boshafte und gottlose Mensch brachte es, nach verschiedenen vergeblichen Bemühungen, die Anführer zu bereden, mich ins Meer zu werfen, (welches sie aber wegen ihres einmal gegebenen Wortes nicht thun wollten) endlich dahin, daß sie mir eine Strafe bestimmten, die allem menschlichen Ansehn nach, ärger als der Tod selbst war. Meine Leute wurden auf beide Raubschiffe gleich vertheilt; und meine Schaluppe frisch bemannt

Mich hingegen traf das Schicksal, in einen kleinen Kahn mit Ruder und einem Segel, und Mundvorrath auf vier Tage, Wind und Wellen Preis gegeben zu werden. Den Mundvorrath verdoppelte der gutdenkende Japanische Anführer aus seinem eignen Vorrath, und erlaubte Niemanden, mich zu durchsuchen. Ich stieg in den Kahn, indeß der Holländer vom Verdeck herunter mich mit Flüchen und Schimpfreden, die er in seiner Sprache auffinden konnte, überschüttete.

Ohngefähr eine Stunde vorher, ehe wir die Seeräuber erblickten, hatte ich eine Beobachtung angestellt, und gefunden, daß wir unter dem sechs und vierzigsten Grade nördlicher Breite und hundert drei und achtzigsten der Länge waren. Ich war von den Seeräubern noch eine ziemliche Strecke entfernt, als ich durch mein Taschenfernglas gegen Südost verschiedene Inseln entdeckte. In dieser Hinsicht spannte ich daher, weil der Wind günstig war, meine Segel auf, um die nächste dieser Inseln zu erreichen, wohin ich auch in ohngefähr drei Stunden mit angestrengten Kräften gelangte; sie war durchaus felsigt, doch fand ich einige Vogeleier, die ich mir auf einem Feuer kochte, das ich aus Haide und trocknen Seekräutern machte. Weiter

1. L. Der Verf. tritt seine dritte Reise an.

aß ich diesen Abend nichts, denn ich wollte meinen Vorrath so lang als möglich sparen. Die Nacht brachte ich in einer Felsenhöhle zu, wo ich mir ein Bett von Binsengras und Haidekraut machte, und sehr gut schlief.

Den folgenden Tag fuhr ich nach einer andern Insel, und hierauf zu einer dritten und vierten, indem ich bald segelte, bald ruderte. Um aber den Leser nicht mit einer umständlichen Erzählung meines widrigen Geschickes beschwerlich zu fallen, will ich nur sagen, daß ich den fünften Tag endlich zu dem letzten dieser Eilande kam, die ich wahrnehmen konnte, und die in Ansehung der übrigen Südsüdost lag.

Diese Insel war entfernter, als ich glaubte, und ich erreichte sie erst nach fünf Stunden. Ich fuhr beinah ganz um sie herum, ehe ich einen bequemen Ort zum Landen finden konnte. Dieser war eine kleine Bucht, ohngefähr drei mal so groß, als mein Kahn. Ich fand die Insel ganz felsigt, nur hier und da fand ich etwas Gras und wohlriechende Kräuter. Ich nahm meinen wenigen Mundvorrath aus dem Kahn, erquickte mich, und verbarg das Uebrige in einer Höhle, deren es hier sehr viele gab. Ich sammelte eine Menge Eier aus den Felsenritzen, schaffte viel dürres See= und anderes

Gras herbei, um am nächstfolgenden Tage meine Eier so gut ich konnte dabei zu kochen, denn ich hatte einen Feuerstahl, einen Feuerstein, Zunder und ein Brennglas. Die Nacht über lag ich in der Höhle, wohin ich meinen Vorrath von Lebensmitteln gebracht hatte, und mein Bette bestand aus Binsen und anderm Grase, das ich statt des Brennholzes brauchen wollte. Ich schlief sehr wenig, denn die Unruhe meines Gemüths überwog meine Müdigkeit, und erhielt mich beim Wachen. Ich erwog, wie unmöglich es wäre, mich an einem so öden Orte zu erhalten, und welch eines elenden Todes ich würde sterben müssen. Diese Betrachtungen machten mich so unruhig und muthlos, daß ich nicht Herz genug hatte, aufzustehen, und es war schon hoch am Tage, als ich mich zusammen nahm, und aus meiner Höhle kroch. Ich wandelte einige Zeit zwischen den Felsen herum, der Himmel war heiter, und die Sonne brannte so sehr, daß ich genöthigt war, ihr den Rücken zuzukehren. Auf einmal wurde es dunkel, und zwar wie mir es schien, auf eine ganz andre Art, als wenn die Sonne bloß von einer Wolke bedeckt wird. Ich drehte mich um, und erblickte zwischen mir und der Sonne einen großen dunklen Körper, der sich gegen meine Insel bewegte. Er schien in einer Höhe von ohngefähr zwei Englihen Wellen zu schweben, und benahm mir sechs bis sieben Minuten das Sonnenlicht. Ich spürte aber nicht, daß die Luft dadurch viel kühler und der Himmel viel finsterer geworden wäre, als wenn ich im Schatten hinter einem Berge gestanden hätte. Als er näher an den Ort kam, wo ich mich befand, sah ich, daß er ein dichter fester Körper war, dessen Boden eben, glatt, und von den aus der See zurückprallenden Strahlen sehr glänzend erschien. Ich stand auf einer Anhöhe ohngefähr dreihundert Schritt vom Ufer, und sah diesen ungeheuren Körper kaum eine halbe Stunde weit gerade gegen mir über. Ich zog mein kleines Fernglas hervor, und konnte deutlich erkennen, daß sich an den abhängigen Seiten desselben eine Menge Menschen auf und nieder bewegten, was sie aber machten, konnte ich nicht erkennen.

Die von Natur uns eingepflanzte Liebe zum Leben erweckte in mir einige Regungen von Freude, und ich schöpfte bereits schon einige Hoffnung, daß dieses Ereigniß auf irgend eine Art etwas dazu beitragen könnte, mich aus dieser Einöde und aus meiner unglücklichen Lage zu befreien. Schwerlich wird sich aber der Leser mein Staunen über eine in der Luft schwebende, und von Menschen bewohnte Insel, die, wie mir es schien, nach dem Belieben ihrer Bewohner stieg und fiel und sich fortbewegte, verstellen können. Weil ich aber damals gar nicht in dem Gemüthszustande war, über diese Erscheinung philosophische Betrachtungen anzustellen, so gab ich nur Acht, welchen Lauf diese Insel nehmen würde, indem sie eine Zeitlang stille zu stehen schien. Bald darauf kam sie aber noch näher, und ich konnte deutlich erkennen, daß die Seiten derselben mit verschiedenen in gewisser Höhe von einander abstehenden Gallerien rund herum umgeben, und diese hin und wieder mit Treppen verbunden wären, um von einer zur andern kommen zu können. Auf der untersten Gallerie sah ich einige Leute mit langen Angelruthen fischen, und andere, welche zusahen. Ich schwengte meine Mütze, (denn mein Hut war schon seit langer Zeit unbrauchbar geworden,) und mein Schnupftuch gegen die Insel zu. Als diese noch näher kam, schrie ich aus vollem Halse, gab dabei sorgfältig Acht, und sah, daß sich auf der mir zugekehrten Seite der Insel eine Menge Menschen versammelte, von denen viele auf mich zu wiesen, und alsdann mit einander sprachen, woraus ich deutlich erkannte, daß sie mich wahrgenommen hatten, ob sie mir gleich auf mein Schreien nicht antworteten. Vier oder fünf sah ich aber die Treppen bis zum Gipfel hinauf rinnen, wo sie alsdann verschwanden. Ich vermuthete, daß diese an irgend eine Person von Ansehn abgeschickt wären, um in Ansehung meiner Befehle einzuholen, und fand bald, daß ich nicht unrecht vermuthet hatte.

Die Zahl der Leute vermehrte sich, und in weniger als einer halben Stunde kam die Insel so weit herab, daß die unterste Gallerie mit der Anhöhe, worauf ich mich befand, parallel und nicht über hundert Schritte von mir entfernt war. Ich nahm eine bittende flehende Stellung an, und redete in dem demüthigsten Tone zu ihnen, erhielt aber keine Antwort. Die gerade gegen mir überstehenden schienen mir, nach ihren Kleidern zu urtheilen, Leute vom Stande zu seyn; sie sprachen sehr ernsthaft mit einander und sahen dabei öfters mich an. Endlich rief mir einer derselben in einer deutlichen, sanften und wohlklingenden Sprache zu, die der italiänischen nicht ungleich war. Ich antwortete daher in dieser letztern, in Hoffnung, daß wenigstens der Klang derselben seinen Ohren angenehmer seyn möchte, als der irgend einer andern Sprache. Obgleich keiner von uns dem andern verstand, so begriffen die Leute doch leicht, was ich sagen wollte, denn sie durchschauten meine Noth bald.

Sie haben mir durch Zeichen zu verstehen
daß ich von dem Felsen heruntersteigen und nach
dem Ufer kommen möchte, welches ich auch aus
genblicklich that. Sie steuerten nun die Insel
gerade über mich hin, und ließen von der unter
sten Gallerie eine Kette herab, woran ein Sitz
befestigt war. Ich setzte mich darauf, und
wurde mittelst einer Winde hinaufgezogen.

Zweites Capitel.

*Anlagen und Launen der Lapuier. Nachricht von ih-
rer Gelehrsamkeit. Beim König und seinem Hofe
Aufnahme des Verfassers daselbst. Die Einwohner
schweben in Furcht und Unruhe wegen großer Weltrevolutionen. Nachricht von ihren Weibern.*

Eine große Menge Leute versammelte sich um
mich herum, als ich von meinem Sitze stieg,
und die Nächststehenden schienen etwas vornehmer
zu seyn, als die übrigen. Sie betrachteten mich
mit allen möglichen Zeichen und Geberden der
Verwunderung, und ich blieb Ihnen ebenfalls
hierin nichts schuldig, da ich bis jetzt noch nie
so seltsame Menschengattung von Gestalt, Kleid

2. K. Anlagen und Sitten des Laputer. 73

ihre Kleidung gesehen, hatten. Die Augen ihre
Nase, entweder auf die rechte oder linke Seite
hängen, schoren das eine Auge einwärts, und das
andere gerade über sich nach dem Kopf. Ihre
Oberkleider waren mit Figuren von Sonnen,
Monden und Sternen besetzt, und zwischen diesen waren wieder Figuren von Geigen, Flöten,
Harfen, Trompeten, Guitarren, Klavieren und
vielen andern in Europa unbekannten musikalischen Instrumenten. Hin und wieder erblickte
ich manche als Bediente gekleidet mit einem kurzen Stabe in der Hand, an dessen Ende eine
aufgeblasene Blase nach Drischflegels Art befesti-
get war. In jeder Blase waren einige trockne
Erbsen oder Steinchen, wie ich in der Folge erfuhr, und mit diesen Blasen schlugen sie zuweilen
die, welche neben ihnen standen, auf den Mund,
oder an die Ohren, von welchem sonderbaren
Gebrauch ich damals den Sinn nicht fassen konnte. Es scheint, als ob diese Leute sich so sehr in
Gedanken vertiefen, daß sie weder reden noch
hören, und sich daher durch den Schlag einer
klappernden Blase auf ihre Sprach- und Gehör-
Werkzeuge aus den Träumen oder Spekulazionen
wieder wecken lassen. Jeder, der irgend das
Vermögen dazu hat, hält sich solch einen Wecker Kliminole, wie man ihn in der Laputischen
Sprache nennt, als eine Art von Bedienten,

der ihn überall begleitet, und ohne den er nicht ausgeht. Das Amt eines solchen Weckers bestehe nun darin, daß er in Gesellschaften, wenn ein Paar Leute mit einander reden, sowohl demjenigen, welcher reden soll, mit der Blase einen sanften Schlag auf den Mund, als auch dem, der hören soll, einen Schlag auf das Ohr giebt. Ferner begleitet er seinen Herrn auf den Spatziergängen, und giebt ihm auch gelegentlich einen sanften Schlag auf die Augen, wenn derselbe sich so in Gedanken verliert, daß er offenbar Gefahr läuft, in einen Abgrund zu stürzen, den Kopf an eine Ecke zu stoßen, auf der Straße Jemanden umzurennen, oder von ihm in die Gosse getrennt zu werden.

Diese vorläufige Nachricht mußte ich dem Leser geben, weil er sonst das Verfahren dieser Leute, als sie mich die Treppen hinauf bis zum Gipfel der Insel, und von da zum königlichen Pallaste führten, eben so wenig verstanden haben würde, als ich es verstand. Im Hinaufsteigen vergaßen sie öfters, was sie eigentlich vorhatten, und überließen mich mir selbst, bis sie von ihren Weckern wieder daran erinnert wurden: denn weder mein, ihnen ganz fremder Anzug, noch meine ihnen eben so fremde Gestalt, noch das Geschrei des gemeinen Volkes, das nicht so sehr

2. K. Anlagen und Launen der Lapuler. 15

in Betrachtungen vertieft war, machte auf sie
einigen Eindruck.

Endlich kamen wir zum Pallast, und giengen in den Audienzsaal, wo ich den König auf
dem Thron und zu beiden Seiten die vornehmsten unter den Hofleuten erblickte. Vor dem
Throne stand ein Tisch voll Globen, Sphären
und allen Arten von mathematischen Instrumenten. Ihre Majestät bemerkten uns nicht im mindesten, obschon bei unserm Eintritt durch den Zu-
sammenlauf der Hofbedienten ein ziemlicher Lerm
entstand. Der König war nämlich im Nachdenken über eine Aufgabe ganz vertieft, und wir
musten wenigstens eine Stunde warten, bis er
die Auflösung gefunden. Auf jeder Seite stand
ein junger Edelknabe mit einer Blase in der Hand,
und sobald sie merkten, daß er mit der Auflösung
zu Ende war, gab ihm der eine einen Schlag
auf den Mund, und der andere ans rechte Ohr,
worauf er plötzlich wie einer, der schnell aus
dem Schlaf erwacht, auffuhr; nach mir und
denen, welche mit mir gekommen waren, hin-
blickte, und sich der Ursache unserer Ankunft,
von der er schon zuvor unterrichtet war, erinnerte. Er sprach einige Worte, und sogleich
kam ein junger Mensch mit einer Blase, und
schlug mich sanft auf das rechte Ohr. Ich mach-

sie, so gut ich konnte, Zeichen, daß ich eines
solchen Instruments nicht bedürfte, welches aber,
wie ich nachher erfuhr, Ihrer Majestät und dem
ganzen Hofe einen schlechten Begriff von mir bei-
brachte. Der König that mir, so viel ich muth-
maßen konnte, einige Fragen, und ich beantwortete sie in allen mir bekannten Sprachen.
Nachdem man aber sah, daß wir uns einander
nicht verstanden, so wurde ich auf Befehl des
Königs, der sich durch seine Gastfreiheit gegen
die Fremden vor allen seinen Vorfahren auszeich-
nete, in ein besonderes Zimmer des Pallastes geführt, wo ich zwei Bedienten zu meiner Aufwartung erhielt. Man brachte mir mein Mit-
tagessen, und vier vornehme Herren, die ich bei
dem König gesehen hatte, erzeigten mir die Ehre,
mit mir zu speisen. Wir hatten zwei Gänge
Gerichte, jeden von drei Schüsseln. Das erste
Gericht des ersten Ganges war eine Schöpsen-
keule in Gestalt eines gleichseitigen Dreiecks, das
zweite ein Stück Rindfleisch, rautenförmig zugeschnitten, und das dritte ein zykloidenförmiger
Pudding. Der zweite Gang bestand aus zwei
Enten, die geigenförmig gebunden waren, aus
kleinern und größern Würsten, welche die Gestalt von Flöten und Hoboen hatten, und aus
einer Kälberbrust, die einer Harfe ähnlich saß.

Die

Die Bedienten schnitten uns das Brodt in Kegeln, Cylindern, Parallelogrammen und andern mathematischen Figuren vor.

Während der Tafel nahm ich mir die Freiheit, meine vornehmen Gäste um die Namen verschiedener Dinge zu befragen, und sie machten sich ein Vergnügen daraus, mir solche mit Beyhülfe ihrer Klatscher zu sagen, indem sie hofften, daß ich ihre großen Geschicklichkeiten bewundern würde, wenn ich mit ihnen reden könnte. Ich lernte bald Brodt, Getränke und andere Bedürfnisse fodern.

Nach der Mahlzeit verließen mich meine Gäste, und es kam auf Befehl des Königs ein anderer von einem Wecker begleiteter Herr, welcher Dinte, Feder und Papier nebst drei bis vier Büchern bei sich hatte, und mir zu verstehen gab, daß er den Auftrag habe, mir die Landessprache zu lehren. Wir saßen vier Stunden beisammen, in welcher Zeit ich eine große Menge Wörter reihenweise mit beigefügter Uebersetzung aufzeichnete. Ich bemühete mich auch, einige Redensarten zu erlernen, zu welchem Endzweck mein Lehrer einen Bedienten allerlei Sachen verrichten ließ; er befahl ihm z. B. etwas zu holen, sich umzuwenden, eine Verbeugung zu machen, sich niederzusetzen, aufzustehen, hin und her zu gehen u. dergl., wobei ich die Redensart sogleich niederschrieb. Er zeigte mir auch in einem seiner Bücher die Figuren der Sonne, des Mondes, der Sterne, des Thierkreises, der Wende- und Polarkreise nebst den Benennungen einer Menge gezeichneter Flächen und Körper. Er nannte und beschrieb mir alle ihre musikalischen Instrumente. Nachdem er weggegangen war, setzte ich alle Wörter nebst den Erklärungen in alphabetische Ordnung, und so verschaffte ich mir mit Hülfe meines treuen Gedächtnisses in wenig Tagen einige Kenntniß ihrer Sprache.

Das Wort, welches ich durch fliegende oder schwebende Insel gegeben habe, heißt in ihrer Sprache Laputa, dessen Wurzel und Abstammung ich nie mit Gewißheit herausbringen konnte. Lap heißt in der veralteten Sprache hoch, und Untuh ein Befehlshaber, woraus nach der Meinung der Eingebohrnen durch eine verderbte Aussprache Laputa statt Lapuntuh entstanden. Allein mir gefällt diese Ableitung nicht, welche mir ein wenig gezwungen scheint. Ich wagte es einst daher, den Gelehrten eine andere Ableitung vorzuschlagen, nämlich daß Laputa so viel als Laputed bedeutete, indem Lap eigentlich das Tanzen der Sonnenstrahlen auf der See, und used einen Flügel ausdrückte, welche Meinung ich indeß niemanden aufdringen, sondern sie der Prüfung des einsichtsvollen Lesers überlassen will.

Als diejenigen, deren Aufsicht mich der König anvertrauet hatte, meine schlechte Kleidung bemerkt hatten, ließen sie den nächsten Morgen einen Schneider kommen, und mir das Maaß zu einem vollständigen Kleide nehmen. Der Verfertiger verfuhr dabei auf eine ganz andere Weise, als seine europäischen Zunftbrüder. Erst nahm er mir das Maaß mittelst eines Quadranten, maß alsdann den Umfang meines Körpers mit einem Meßtischchen, und zeichnete mit Hülfe des Richtscheits und Zirkels alles auf dem Papiere ab; nach sechs Tagen brachte er mir ein sehr übel gemachtes und ganz unförmliches Kleid, weil er sich in Berechnung einer einzigen Figur geirrt hatte. Ich tröstete mich indeß damit, daß dergleichen Zufälle hier nichts Ungewöhnliches wären, und auch nicht sehr geachtet würden.

Da ich wegen Mangel an Kleidern und auch wegen einer Unpäßlichkeit einige Tage das Zimmer hüten muste, so vermehrte ich in dieser Zeit mein Wörterbuch um ein Beträchtliches, und ich konnte, als ich zum ersten Mal am Hofe erschien, schon sehr viel verstehen, was mir der König sagte, und ihm auch einiges antworten. Ihre Majestät hatten befohlen, den Lauf der Insel gegen Nordosten, gerade nach dem Zenith von Lagado, der Hauptstadt des ganzen Reichs unten auf dem festen Lande, zu richten. Sie war ohngefähr neunzig Meilen entfernt, und unsere Inselfahrt dahin dauerte vier und einen halben Tag. Ich merkte von der fortschreitenden Bewegung der Insel durch die Luft nicht das mindeste. Am zweiten Morgen um elf Uhr spielte der König nebst seinem ganzen Adel, den Ministern und Hofleuten drei ganzer Stunden auf den vorher gehörig gestimmten Instrumenten, daß ich von der rauschenden Musik ganz betäubt wurde; ich konnte die Ursache davon nicht errathen, bis mein Lehrer sie mir erklärte. Er sagte, die Bewohner dieser Insel hätten ihr Gehör so verfeinert, daß sie die Musik der Sphären hören könnten, und die Hofleute hätten jetzt durch Anstimmung aller solchen Instrumente, worauf sie vorzüglich stark wären, Theil daran nehmen wollen.

Auf unserer Fahrt nach Lgabo, der Hauptstadt, ließ der König die Insel über gewisse Städte und Dörfer still halten, um die Bitt-

Schriften der Unterthanen in Empfang zu nehmen. In dieser Absicht ließ man viele Bindfaden mit kleinen Gewichten zur Erde nieder. Das Volk band an diese Faden seine Bittschriften, die alsdann so aufstiegen, wie die papiernen Stückchen, welche die Schulknaben an den Enden der Bindfaden befestigen, an welchen sie einen fliegenden Drachen in die Höhe steigen lassen. Zuweilen empfingen wir auch Wein und Lebensmittel, welche durch Winden in die Höhe gezogen wurden. Meine mathematischen Kenntnisse halfen mir sehr viel, ihre Redensarten zu verstehen, die sich meist auf diese Wissenschaft und auf die Musik bezogen, worin ich auch nicht ganz unerfahren war. Ihr ganzes Gedankensystem drehet sich um Linien und um Figuren herum. Wollen sie z. B. die Schönheit eines Frauenzimmers oder eines andern Geschöpfes erheben, so beschreiben sie solche durch Rauten, Zirkel, Parallelogramme, Ellipsen und andere geometrische, oder auch durch musikalische Kunstworte, die ich hier nicht weiter anzuführen brauche. Ich sah in der königlichen Küche alle Arten von mathematischen Figuren und musikalischen Instrumenten, nach deren Muster die für Ihre Majestät bestimmten Gerichte zugeschnitten und geformt werden müssen.

Die Häuser sind sehr schlecht gebauet, die Mauern krumm, und kein Zimmer hat einen rechten Winkel, und diese Mängel entstehen aus der Verachtung der praktischen Mathematik, die sie für etwas niedriges und handwerksmäßiges halten. Da nun die Anleitungen, welche sie ihren Bauleuten geben, für den Verstand derselben viel zu hoch sind, so entstehen daraus beständig eine Menge Fehler. Sie sind sehr geschickt, mit dem Lineal, dem Zirkel und der Feder auf dem Papier umzugehen, allein in den alltäglichen Vorfällen und Geschäften habe ich kein tölpischeres, ungeschickteres, und in allen andern Dingen, die Mathematik ausgenommen, kein dümmeres Volk gesehen, das solche elende und verworrene Begriffe hatte. Ihre Urtheile sind daher auch sehr elend; sie widersprechen aufs heftigste, außer wenn sie von ohngefähr die rechte Meinung hegen, welches aber selten der Fall ist. Einbildungskraft, Witz und Erfindung sind ihnen ganz unbekannte Sachen, wofür sie in ihrer Sprache nicht einmal Worte haben. Der ganze Umfang ihrer Gedanken wird blos durch jene zwei erwähnten Wissenschaften begränzt.

Die Meisten von ihnen, und vorzüglich die, welche sich auf die Sternkunde legen, halten viel auf Sterndeuterei, ob sie sich gleich schämen, es öffentlich zu gestehen. Worüber ich mich aber am meisten wundere, und was ich mir nicht

erklären konnte, war ihre erstaunende Neugier in
politischen Dingen, ihr beständiges Forschen
nach Staatssachen, die sie beständig bekritteln,
und ihr ewiges Disputiren, indem sie jede Sylbe
einer entgegengesetzten Meinung mit der größten
Heftigkeit bekämpfen. Unter den meisten Ma-
thematikern in Europa, die ich kennen lernte,
habe ich die nämliche Neugierde bemerkt, ob ich
gleich bis jetzt zwischen Mathematik und Staats-
wissenschaft nicht die mindeste Aehnlichkeit entdecken kann, oder die Mathematiker müssen vor-
aussetzen, daß, gleichwie der kleinste Zirkel eben
so viel Grade habe, als der größte, so erfordere
die Regierung der Welt nicht mehr Geschicklichkeit, als die Umdrehung und Behandlung eines
Globus. Ich glaube indeß, daß diese Neigung
aus einer sehr gewöhnlichen Schwachheit der
menschlichen Natur entspringt, die uns in Sachen, welche uns nichts angehen, um so neugie-
riger und geschäftiger macht, je weniger natürliche Anlage oder erworbene Fähigkeiten wir
dazu haben.

Diese Leute leben in beständiger Angst, und
genießen nie einen Augenblick der Ruhe des Gemüths, und zwar wegen Sachen, um die sich
die übrigen Menschen sehr wenig bekümmern.
Ihre Furcht entspringt nämlich aus einer Besorg-

niß, daß sich unter denselben gewaltige Revolutionen zutragen werden. Itzt die Erde würde dereinst von der sich immer mehr annähernden Sonne verschlungen werden; die Oberfläche der Sonne würde nach und nach durch ihre eigenen Ausdünstungen mit einer Rinde überzogen, und die Welt dadurch des Lichts beraubt werden; die Erde sey dem Schwanze des letzt erschienenen Kometen mit Noth entwischt, und wäre von ihm beinah zu Asche gebrännt worden, und der nächste, welcher nach ihrer Ausrechnung in ein und dreißig Jahren erschiene, würde wahrscheinlich unserer Erde das Garaus machen. Denn wenn er, wie sie nach ihrer Berechnung befürchten zu müssen glauben, in seiner Laufbahn sich der Sonne am nächsten befände, so würde die von der Sonne dadurch empfangene Hitze zehntausend Mal stärker seyn, als die Hitze eines glühenden Eisens, und er selbst würde, wenn er sich wieder von der Sonne entfernte, einen flammenden, eine Million und vierzehn Meilen langen Schweif nach sich schleppen, der unsere Erde, sollte dieselbe durch diesen Schweif in einer Entfernung von hunderttausend Meilen vom Kern oder dem eigentlichen Körper des Kometen durchgehen, nothwendig in Brand stecken und in Asche verwandeln müßte. — Die Sonne müßte durch den unablässigen Ausguß

II. K. Anlagen und Launen der Laputer. 25

ihrer Strahlen, ohne daß dieser Verlust durch irgend eine ihr zufließende Nahrung ersetzt würde, endlich verzehrt und vernichtet werden, welches keinen andern Erfolg haben könnte, als die Zerstörung der Erde und aller Planeten, die ihr Licht von derselben erhalten.

Diese und ähnliche Gefahren erhalten sie beständig in Angst, so daß sie weder ruhig in ihren Betten schlafen, noch an den gewöhnlichen Freuden und Annehmlichkeiten des Lebens Geschmack finden. Begegnen sie morgens einem ihrer Bekannten, so ist ihre erste Frage, wie sich die Sonne befinde, wie sie bei ihrem Auf- und Untergange ausgesehen, und was für Hoffnung man habe, dem Unglücke, womit der nächstkommende Komet drohe, zu entgehen. In solche Gespräche vertiefen sie sich eben so gern, und mit eben der schauerlichen Aufmerksamkeit, die man an Knaben bemerkt, wenn sie grausenden Gespenster- und Koboltgeschichten zuhorchen, und sich nicht getrauen, ins Bette zu gehen.

Die Frauen dieser Insel besitzen viel Lebhaftigkeit. Sie verachten ihre Ehemänner, und sind rasend in die Fremden verliebt, deren beständig eine große Anzahl vom festen Lande unter sich hier befindet, die entweder in den Angelegenheiten der verschiedenen Städte und Gemeinden, oder in ihren eignen nach Hofe kommen, daselbst aber nicht geachtet werden, weil sie die Gaben der Laputer nicht besitzen. Unter diesen nun suchen sich die Damen ihre Liebhaber aus. Das Aergste hiebei ist, daß sie ihre Liebesverständnisse zu frei und sicher treiben können, weil die Männer, wenn sie nur mit Papier und ihren gelehrten Geräthe versehen sind, und keinen Wecker neben sich haben, so sehr in Betrachtungen vertieft sind, daß sie mit ihren Liebhabern vor den Augen ihrer Männer zu dem höchsten Grade von Vertraulichkeit schreiten können.

Die Frauen und Töchter beklagen sich sehr, daß sie wie Gefangene auf dieser so kleinen Insel lebten, welche doch meinem Dünken nach das niedlichste Stück Landes in der Welt ist. Sie sehnen sich, ungeachtet sie im größten Ueberfluß und in voller Pracht leben, und thun können, was sie gelüstet, die Welt zu sehen, und an den Ergötzlichkeiten der Hauptstadt Theil zu nehmen; wohin sie ohne ausdrückliche Erlaubniß des Königs nicht gehn dürfen, und diese ist nicht leicht zu erhalten, weil die Vornehmen aus häufiger Erfahrung wissen, wie schwer sie ihre Frauen zum Zurückkehren von unten bereden können. Man erzählte mir, daß eine gewisse angesehene Dame am Hofe, Mutter von vielen Kindern, und

Gemahlin des ersten Staatsministers, eines der reichsten Herrn im ganzen Königreiche, der ein sehr angenehmer Mann sey, und sie zärtlich geliebt habe, unter dem Vorwande einer für ihre Gesundheit nöthigen Luftveränderung nach der Hauptstadt gereiset, und sich einige Monate daselbst aufgehalten, bis der König einen Befehl, sie aufzusuchen, ergehen lassen. Man habe sie ganz zerlumpt in einem Wirthshause gefunden, weil sie alle ihre Kleider versetzt gehabt, um sich einen alten häßlichen Bedienten zu halten, von dem sie täglich Schläge bekam, und von dessen Seite man sie mit Gewalt wider ihren Willen wegreißen mußte. Ihr Mann nahm sie mit aller möglichen Freundlichkeit und ohne ihr den geringsten Vorwurf zu machen wieder in sein Haus auf, sie entlief aber bald wieder mit allen ihren Juwelen zu ihrem vorigen Liebhaber, und seit dieser Zeit hat man kein Wort weiter von ihr gehört.

Diese Geschichte könnte der Leser vielleicht eher für eine europäische oder englische als für eine Laputische halten, allein er beliebe nur zu bedenken, daß die Grillen des weiblichen Geschlechts weder auf ein Klima noch auf eine Nation eingeschränkt, und viel gleichförmiger sind, als man gewöhnlich glaubt.

In ohngefähr einem Monat war ich in der Sprache ziemlich weit gekommen, und konnte nun dem König auf die meisten Fragen, die er mir bei der ersten Audienz vorlegte, antworten; Ihre Majestät äußerten nicht die mindeste Neugierde, die Gesetze, die Verfassung, Geschichte, Religion und Sitten der Länder, die ich durchreiset hatte, kennen zu lernen, sondern schränkten ihre Fragen bloß auf den Zustand der mathematischen Wissenschaften ein, und hörte die Nachrichten, welche ich ihm gab, mit viel Gleichgültigkeit und obenhin an, obgleich denenselben von Dero Weckern zu beiden Seiten oft genug auf die Ohren gepüfft wurde.

Drittes Kapitel.

Auflösung eines Phänomens aus der heutigen Philosophie und Sternkunde. Große Fortschritte der Laputer in der letztern. Art und Weise des Königs, einen Aufruhr zu unterdrücken.

Ich bat den König um Erlaubniß, die Merkwürdigkeiten der Insel besehn zu dürfen, die er mir auch zu ertheilen, gnädigst geruhete, und meinem Lehrmeister mich zu begleiten befahl.

Vorzüglich wünscht ich zu wissen, welche künstliche oder natürliche Ursache es wäre, wodurch diese Insel auf so verschiedene Art bewegt werden könnte. Hievon will ich jetzt dem Leser eine philosophische Beschreibung machen.

Diese fliegende oder schwebende Insel ist vollkommen zirkelrund, und hat im Diameter 7837 Ellen, (eine Elle zu drei Fuß gerechnet) oder ohngefähr fünftehalb englische Meilen und enthält folglich zehn tausend Morgen Landes. Der Boden, oder derjenige Theil, den man von der Erde auf sieht, ist eine ebene, ganz regelmäßige Fläche von Demant, die auf ohngefähr sechshundert Fuß in die Höh geht. Ueber derselben liegen die verschiedenen Mineralien in natürlicher Ordnung, und endlich kommt eine Decke von zehn bis zwölf Fuß dicken, sehr fettem Erdreiche. Die Abdachung der Oberfläche von dem Rande gegen den Mittelpunkt zu, ist die natürliche Ursache, warum aller Thau und Regen, der auf die Insel fällt, in kleinen Bächen nach der Mitte läuft, wo es sich in vier große Becken ergießt, von denen jedes ohngefähr eine Viertelstunde im Umfange hat, und sechshundert Fuß von dem Mittelpunkt entfernt ist. Durch die Sonnenhitze dunstet aus diesen Becken täglich so viel weg, daß keine Ueberschwemmung entstehen kann. Da es aber auch außerdem in des Monarchen Gewalt steht, die Insel über den Luftkreis der Wolken und Dünste zu erheben, so kann er sie vor Thau und Regen bewahren, so oft als es ihm beliebt; denn die höchsten Wolken können sich nach der Meinung der Naturforscher nicht höher als ohngefähr zwei Meilen erheben, wenigstens weis man, daß sie in dieser Gegend nie diese Höhe überstiegen haben.

Im Mittelpunkt ist eine Kluft von hundert und funfzig Fuß im Durchmesser, in welche die Sternseher herabstiegen. Am Ende derselben befindet sich ein großes Gewölbe, das den Namen Flandola Gagnole oder die Höhle der Sternseher hat, und hundert Ellen tief in den demantnen Boden geht. In dieser Höhle brennen beständig zwanzig Lampen, die durch den Wiederschein von den demantnen Wänden nach allen Seiten einen prachtvollen Glanz verursachen. Der Ort ist mit Sextanten, Quadranten, Sehröhren, Astrolabien, und andern mathematischen Instrumenten angefüllt. Das merkwürdigste aber, wovon das ganze Schicksal der Insel abhängt, ist ein Magnet von bewundernswürdiger Größe in Gestalt eines Weberschiffs. Er ist gegen vier und zwanzig Fuß lang, und in der Mitte auf zwölf Fuß

3. Kap. Auflösung eines Phänomens ꝛc. 31

ꝛc. Er ruht auf einer demantnen Are, welche durch seinen Mittelpunkt geht, worauf er spielt, und so genau im Gleichgewicht sitzt, daß ihn die schwächste Hand umdrehen kann. Er ist ringsum mit einem hohlen demantnen Zylinder umgeben, der vier Fuß dick ist, und acht und vierzig im Durchmesser hat, horizontal liegt, und auf acht demantnen Füßen ruht, deren Jeder vier und zwanzig Fuß hoch ist. In der Mitte der Hohlung ist auf zwei Seiten ein zwölf Zoll tiefes Loch eingegraben, worin das Ende der Are liegt, damit der Magnet bequem gedreht werden kann, wenn es nöthig ist.

Der Stein kann durch keine Gewalt von der Stelle bewegt werden, weil der Zylinder und die Füße mit dem demantnen Boden der Insel ein Stück ausmachen.

Mittelst dieses Magnets kann die Insel gehoben, niedergelassen, und nach allen Seiten hin bewegt werden; denn der Stein ist in Rücksicht auf denjenigen Theil der Erde, über welchen dieser Fürst gebiethet, an dem einen Ende mit einer anziehenden, an dem andern aber mit einer zurückstoßenden Kraft versehen. Richtet man das anziehende Ende gegen die Erde, so sinkt die Insel nieder, richtet man das zurückstoßende gegen dieselbe, so steigt die Insel gerade

aufwärts. Ist die Lage des Steins schief, so
ist seine Bewegung ebenfalls schief, denn die
Kraft dieses Magnets wirkt stets nach den Pa-
rallelinien seiner Richtung. Durch diese schiefe
Bewegung wird die Insel nach allen Gegenden
des Gebiets Ihrer Majestät fortbewegt. Zur
Erklärung dient folgende Figur.

A B ist eine Querlinie durch das Königreich
Balnibarbi; a d stellt den Magnet vor; d ist
das zurückstoßende c das anziehende Ende. Steht
die Insel über C und der Stein hat die Richtung c d, wobei das zurückstoßende niederwärts
gekehrt ist, so wird er in diesem Fall schief gegen
D aufsteigen. Kommt sie in D, und man
dreht

dreht den Stein um seine Axe bis sein anziehendes Ende wieder nach E weiset, so wird sich die Insel schief nach E fortbewegen. Dreht man den Stein auf seiner Axe, bis er die Richtung E F, und das zurückstoßende Ende unterwärts hat, so wird sich die Insel schief gegen F bewegen, und eben so bei fortgesetzter Drehung und gehöriger Richtung nach G und H bewegen. Auf diese Weise kann man durch Veränderung des Steins nach Belieben und Erfoderniß der Umstände, die Insel wechselsweise in schiefer Richtung steigen und sinken lassen, und sie, weil die Schiefe so viel nicht beträgt, von einer Gegend des Reichs bis zur andern bringen.

Man muß aber bemerken, daß diese Insel nicht über die Grenzen des Gebietes Ihrer Majestät bewegt, auch nicht über vier englische Meilen über die Meeresfläche erhoben werden kann. Die Astronomen, welche über diesen Stein viele große Systeme geschrieben haben, geben folgende Ursache davon an. Die Magnetische Kraft, sagen sie: erstreckt sich nicht über vier englische Meilen weit, und das Mineral, welches aus dem Schoos der Erde und des Meeres auf eine Entfernung von ohngefähr sechs Meilen vom Ufer auf den Stein wirkt, ist nicht durch die ganze Erdkugel verbreitet, sondern nur auf die Gränzen des balnibarbischen Reichs eingeschränkt. Es war daher für einen Fürsten auf dieser Insel, wegen des Vortheils der Erhöhung nicht schwer, alles innerhalb des Wirkungskreises dieses Magnets liegende Land unter seine Herrschaft zu bringen.

Steht der Stein mit der Ebene des Horizonts parallel, so steht die Insel still. Denn da in diesem Fall die beiden Enden des Magnets gleich weit von der Erde entfernt sind; so wirken sie auch mit gleichen Kräften, das eine Ende niederwärts durch Anziehen, das andere aufwärts durch Zurückstoßen, daß folglich keine Bewegung erfolgen kann.

Dieser Magnet steht unter der Aufsicht gewisser Sternkundiger, welche ihm nach dem Befehl des Königs von Zeit zu Zeit die gehörige Richtung gaben. Sie bringen den größten Theil ihrer Lebenszeit mit Beobachtung der Himmelskörper zu, und haben dazu Fernröhre, welche die Europäischen weit übertreffen. Denn obgleich ihre größten Teleskope nicht über drei Fuß lang sind, so vergrößern sie doch den Gegenstand mehr als die unsrigen von hundert Fuß. Dieser Vortheil hat sie in den Stand gesetzt, ihre Entdeckungen ungleich weiter zu treiben als un-

3. Kap. Auflösung eines Phänomens ꝛc.

ihre Astronomen in Europa; denn sie zählen gegen zehntausend Firsterne, dahingegen die Zahl der in Europa entdeckten nicht den dritten Theil davon beträgt. Sie haben auch zwei Trabanten des Meers entdeckt, wovon der eine drei, der andere fünf seiner Diameter vom Mittelpunkt dieses Planeten entfernt ist. Jener vollendet seinen Lauf in zehn, und dieser in ein und zwanzig Stunden und einer halben, so daß die Quadrate ihres periodischen Umlaufs sich beinahe wie die Würfel ihrer Distanzen vom Mittelpunkt des Meers verhalten, woraus offenbar erhellet, daß sie durch eben die Gravitationsgesetze, wie die übrigen Himmelskörper regiert werden.

Sie haben drei und neunzig verschiedene Kometen beobachtet, und ihre Umlaufszeiten und periodische Rückkehr aufs genaueste bestimmt. Wenn dies so ist, wie sie mit größter Zuversicht behaupten, so ist sehr zu wünschen, daß ihre Beobachtungen der übrigen Welt mitgetheilt würden, wodurch die Theorie der Komete, die bis jetzt noch so mangelhaft ist, zu eben der Vollkommenheit, wie die übrigen Theile der Astronomie, gebracht werden könnte.

Der König würde der unumschränkteste Herr in der Welt seyn, wenn er seine Minister dahin bringen könnte, sich mit ihm zu vereinigen. Da aber diese ihre Güter auf dem festen Lande haben, und wissen, daß das Amt eines Günstlings keinen festen Boden hat, so stimmen sie nie in den Plan, ihr Land zu unterjochen.

Läßt sich eine Stadt zum Aufruhr verführen, oder sucht Meutereien und Empörungen anzuzetteln, oder weigert sich die gewöhnlichen Abgaben zu geben, so hat der König zwei Arten, sie zum Gehorsam zu bringen.

Die erste und gelindeste ist, daß er mit der Insel gerade über einer solchen Stadt und der umliegenden Gegend schweben bleibt, die Einwohner des Sonnenscheins und Regens beraubt, und sie auf diese Weise mit Dürre und Krankheiten strafen kann. Nach Verhältniß des Verbrechens schleudert man auch wohl große Steine auf sie herab, gegen welche sie sich nicht anders vertheidigen können, als daß sie in Keller oder Höhlen kriechen, indeß die Dächer ihrer Häuser zertrümmert werden. Beharren sie dessen ungeachtet in ihrer Hartnäckigkeit, und erregen gar einen Aufruhr, so drohet man, die Insel gerade auf ihre Köpfe fallen zu lassen, und auf diese Weise Häuser samt Menschen zu zernichten. Doch zu diesen Drohungen schreitet der Fürst sehr selten, die er auszuüben nicht willens ist, und wozu ihm die Minister selbst auch nicht rathen, weil sie dadurch sich selbst bei dem Volke verhaßt machen, und auch ihren Einkünften schaden würden, die sie von ihren unten auf dem festen Lande liegenden Grundstücken oder außen stehendem Vermögen ziehen, indem alle auf der schwebenden Insel liegende Felder königliche Güter sind.

Es ist aber noch ein anderer Grund vorhanden, warum die Könige dieses Landes jederzeit einen Widerwillen gehabt, ohne die dringendste Noth eine so schreckliche Rache zu nehmen. Wären nämlich in einer Stadt, welche auf diese Weise sollte zu Grunde gerichtet werden, spitzige Felsen, dergleichen es in den größern Städten mehrere giebt; und die dem Anschein nach absichtlich erbauet worden sind, um eine solche Begebenheit zu verhindern, oder, gäbe es viele hohe Thürme und steinerne Pfeiler, so könnte ein plötzlicher Fall den Boden oder die untere Fläche der Insel beschädigen, und, obschon diese Fläche aus einem einzigen sechshundert Fuß dicken Diamant besteht, sie zersprengen, wenn sie darauf stieße, oder einem großen Feuer zu nahe käme, so wie die eisernen oder steinernen Platten an unsern Kaminen oft zu thun pflegen. Von diesem allem ist das Volk hinlänglich unterrichtet, und weis daher recht gut, wie weit es seine Widerſetzlichkeit treiben kann, wenn ſeine Freiheit und ſein Eigenthum auf dem Spiel ſtehn. Der König läßt daher auch, wenn er noch ſo ſehr aufgebracht und entſchloſſen iſt, eine Stadt zu zertrümmern, unter dem Vorwande der großen und zärtlichen Liebe gegen ſeine Unterthanen, im Grund aber aus Furcht den bemantnen Boden zu zerſtoßen, die Inſel ſanft herunter, indem alle Philoſophen der Meinung ſind, daß in einem ſolchen Fall der Magnet die Inſel nicht mehr in die Höh treiben, ſondern die ganze Maſſe zu Boden ſtürzen würde.

Vermöge eines Grundgeſetzes dieſes Reichs darf weder der König noch die beiden älteſten Söhne aus der Inſel weggehn; auch iſt der Königin dies nicht erlaubt, bis ſie unfähig zum Kindergebähren iſt.

Viertes Kapitel.

Der Verfasser verläßt Laputa, wird nach Balnibarbi geführt, und kommt in der Hauptstadt des Landes an. Beschreibung der Hauptstadt und Gegend umher. Gastfreie Aufnahme des Verfassers bei einem gewissen großen Herrn. Seine Unterredung mit diesem Herrn.

Ob ich schon nicht sagen kann, daß man mich in dieser Insel übel behandelt hätte, so glaubte ich doch, daß man auf mich nicht nur zu wenig, sondern mich sogar etwas gering achtete. Der König sowohl als seine Leute bekümmerten sich um weiter nichts als um Mathematik und Musik, in welchen Wissenschaften ich ihnen freilich nachstand, und daher auch in dieser Hinsicht sehr wenig geachtet wurde.

Da ich indeß alle Merkwürdigkeiten der Insel gesehen hatte, so sehnte ich mich auch sehr, sie zu verlassen, weil ich dieser Menschen höchst überdrüßig war. Es ist nicht zu leugnen, sie hatten es in diesen Wissenschaften, für die ich sehr große Achtung hege, und worin ich selbst gar nicht unbewandert bin, sehr weit gebracht, aber dabei waren sie zugleich so von allen andern Dingen abgezogen, und in Betrachtungen vertieft, daß ich in meinem Leben keine unangenehmere Gesellschafter angetroffen habe. Ich suchte daher während meines zweijährigen Aufenthaltes, nur den Umgang der Frauenzimmer, Kaufleute, Wecker, und Hofpagen, wodurch ich mich aber bei ihnen außerordentlich herabsetzte, obgleich dies die einzigen Leute waren, von denen ich eine vernünftige Antwort erhalten konnte.

Durch anhaltenden scharfen Fleiß hatte ich mir eine ziemliche Kenntniß in ihrer Sprache erworben, und war es nun überdrüßig, mich länger auf dieser Insel einzusperren, wo ich so wenig galt. Ich beschloß also sie bei erster Gelegenheit zu verlassen.

Am Hofe war ein vornehmer Herr, ein naher Verwandter des Königs, und aus dieser einzigen Ursach in einigem Ansehn, denn man hielt ihn für den unwissendsten und dümmsten unter allen Hofleuten. Er hatte der Krone manchen wichtigen Dienst geleistet, und besaß große Fähigkeiten und Kenntnisse, die noch durch das Verdienst der Redlichkeit und Rechtschaffenheit erhöht wurden; dabei aber hatte er ein so

4. Kap. Der Verfasser verläßt Laputa. 41

schlechtes Ohr für Musik, daß seine Neider erzählten, er habe öfters falschen Takt geschlagen, und seine Lehrer hätten die größte Mühe gehabt, ihm den leichtesten mathematischen Satz beweisen zu lehren. Er suchte ein Vergnügen darin, mir viele Beweise seiner Gewogenheit zu geben, beehrte mich mit seinem Besuche, und wünschte den Zustand Europa's, die Gesetze, Sitten und Wißenschaften der mancherlei Länder, die ich bereiset, näher kennen zu lernen. Er hörte mir mit der größten Aufmerksamkeit zu, und machte über alles sehr kluge Anmerkungen. Er hatte stets zwei Wecker bei sich, die ihn aber nur zum Staat begleiteten, denn er bediente sich derselben niemals außer bei Hofe, oder bei feierlichen Staatsbesuchen, und ließ sie, wenn wir allein beisammen waren, jederzeit gehen.

Ich bat diesen erlauchten Herrn, sich bei Ihrer Majestät für mich zu verwenden, daß ich von der Insel abreisen dürfte, welches er auch that, obgleich sehr ungern, wie er sich auszudrücken beliebte: denn in der That hatte er mir vorher sehr viele vortheilhafte Vorschläge gethan, die ich aber mit Versicherung der größten Erkenntlichkeit ausgeschlagen hatte.

Den 16ten Februar nahm ich von Ihrer Majestät und dem ganzen Hofe Abschied. Der

Der König machte mir ein Geschenk von ohngefähr zweihundert Sterling an Werth, und mein hoher Gönner, ein naher Verwandter des Königs, gab mir doppelt so viel, nebst einem Empfehlungsschreiben an seinen Freund in der Hauptstadt Lagado. Die Insel schwebte damals über einem Gebürge, ohngefähr zwei Meilen von dieser Stadt, und ich wurde von der untersten Gallerie auf die nämliche Weise herabgelassen, als ich hinaufgezogen war.

Das ganze Land, welches dem Fürsten der fliegenden Insel unterworfen ist, hat überhaupt den Namen Balnibarbi, und die Hauptstadt heißt, wie ich schon erwähnt, Lagado. Ich empfand ein ordentlich Behagen, daß ich wieder auf festem Lande war. Ich gieng ganz unbefangen auf die Stadt zu, weil ich wie ein Eingebohrner gekleidet, und der Sprache ziemlich mächtig war. Ich fand bald die Wohnung des Herrn, an welchen ich empfohlen war, überreichte ihm das Empfehlungsschreiben, und wurde mit vieler Höflichkeit aufgenommen. Dieser Herr, der Munodi hieß, räumte mir in seinem Hause ein, wo ich während meines ganzen Aufenthaltes in der Stadt blieb, und auf die liebreichste Art bewirthet ward.

Den nächsten Morgen nach meiner Ankunft, nahm er mich mit sich in seinen Wagen, die

Stadt zu besehen, welche ohngefähr halb so groß wie London ist; die meisten aber sind sonderbar gebaut, und einer Ausbesserung gar nicht fähig. Die Leute liefen auf den Gassen mit wildem starrem Blick, und ganz zerlumpt. Wir fuhren zu einem Thor hinaus, ohngefähr anderthalb Stunde weit aufs Land, wo ich viele Leute sah, die mit allerlei Werkzeugen den Boden bearbeiteten; konnte aber nicht eigentlich klug daraus werden, was sie vor hatten, auch sah ich nirgends nur die geringste Spur von Getraide und Gras, obgleich der Boden sehr gut zu seyn schien. Ich wunderte mich über diesen seltsamen Anblick sowohl in der Stadt als auf dem Lande, und ich nahm mir daher die Freiheit meinen Begleiter zu bitten, er möchte mir doch erklären, was die vielen beschäftigten Köpfe, Hände und Gesichter sowohl auf den Gassen als auf dem Felde zu bedeuten hätten, weil ich nicht die mindeste gute Wirkung davon entdecken könnte, vielmehr hätte ich nirgends einen so schlecht bestellten Boden, so schlecht gebaute und baufällige Häuser, und Menschen angetroffen, deren ganzes Aeußere größere Armuth und größeres Elend verrathen hätte.

Herr Munodi war einer der Vornehmsten des Landes, und einige Jahre Statthalter von

Der König machte mir ein Geschenk von ohngefähr zweihundert Sterling an Werth, und mein hoher Gönner, ein naher Verwandter des Königs, gab mir doppelt so viel, nebst einem Empfehlungsschreiben an seinen Freund in der Hauptstadt Lagado. Die Insel schwebte damals über einem Gebürge, ohngefähr zwei Meilen von dieser Stadt, und ich wurde von der untersten Gallerie auf die nämliche Weise herabgelassen, als ich hinaufgezogen war.

Das ganze Land, welches dem Fürsten der fliegenden Insel unterworfen ist, hat überhaupt den Namen Balnibarbi, und die Hauptstadt heißt, wie ich schon erwähnt, Lagado. Ich empfand ein ordentlich Behagen, daß ich wieder auf festem Lande war. Ich gieng ganz unbefangen auf die Stadt zu, weil ich wie ein Eingebohrner gekleidet, und der Sprache ziemlich mächtig war. Ich fand bald die Wohnung des Herrn, an welchen ich empfohlen war, überreichte ihm das Empfehlungsschreiben, und wurde mit vieler Höflichkeit aufgenommen. Dieser Herr, der Munodi hieß, räumte mir in seinem Hause ein, wo ich während meines ganzen Aufenthaltes in der Stadt blieb, und auf die liebreichste Art bewirthet ward.

Den nächsten Morgen nach meiner Ankunft, nahm er mich mit sich in seinen Wagen, die

Stadt zu besehen, welche ohngefähr halb so groß wie London ist; die meisten aber sind sonderbar gebaut, und einer Ausbesserung gar nicht fähig. Die Leute liefen auf den Gassen mit wildem Herrenblick, und ganz zerlumpt. Wir fuhren zu einem Thor hinaus, ohngefähr anderthalb Stunde weit aufs Land, wo ich viele Leute sah, die mit allerlei Werkzeugen den Boden bearbeiteten, konnte aber nicht eigentlich klug daraus werden, was sie vor hatten, auch sah ich nirgends nur die geringste Spur von Getraide und Gras, obgleich der Boden sehr gut zu seyn schien. Ich wunderte mich über diesen seltsamen Anblick sowohl in der Stadt als auf dem Lande, und ich nahm mir daher die Freiheit meinen Begleiter zu bitten, er möchte mir doch erklären, was die vielen beschäftigten Köpfe, Hände und Gesichter sowohl auf den Gassen als auf dem Felde zu bedeuten hätten, weil ich nicht die mindeste gute Wirkung davon entdecken könnte, vielmehr hätte ich nirgends einen so schlecht bestellten Boden, so schlecht gebaute und baufällige Häuser, und Menschen angetroffen, deren ganzes Aeußere größere Armuth und größeres Elend verrathen hätte.

Herr Munodi war einer der Vornehmsten des Landes, und einige Jahre Statthalter von

Lagado gewesen, verlohr aber diese Stelle wieder, weil eine Ministerkabale ihn für unfähig dazu erklärte. Der König war aber doch gegen ihn als einen rechtschaffenen Mann, der nur ein wenig schwach von Kopf wäre, beständig sehr gnädig gesinnt.

Meine freie Meinung über den Zustand des Landes und seiner Einwohner beantwortete er indeß mit weiter nichts, als den gewöhnlichen Gemeinsprüchen, z. B. er wäre nicht lange unter ihnen gewesen, um darüber ein Urtheil fällen zu können; jedes Volk habe seine eigne Gewohnheiten u. s. w. Nachdem wir aber in seinem Pallaste angekommen, fragte er mich, wie mir das Gebäude gefiele; was ich daran auszusetzen, und was ich an dem Aussehen und der Kleidung seiner Bedienten zu tadeln fände? Er hatte gut fragen, denn bei ihm war alles in der schönsten Ordnung, und größtem Pracht. Ich erwiederte daher, die Klugheit, der Stand und die Reichthümer Ihrer Excellenz bewahrten ihn vor allen den Mängeln, womit Thorheit und Armuth andre überhäuft hätte. Er sagte, wenn ich ihn nach seinem Landgute, das ohngefähr zehn Stunden von der Stadt läge, und wo er Güter hätte, begleiten wollte, so würden wir mehr Muße haben, über diese Sache zu reden. Ich antwor-

4. Kap. Der Verfasser verläßt Laputa.

ßte, daß ich ganz zu seinen Diensten wäre, und demnach fuhren wir den folgenden Tag dahin.

Unterwegs machte er mich auf die mancherlei Arten der Landleute, ihr Feld zu bauen, aufmerksam, wovon ich aber nicht das Geringste begreifen konnte, indem ich, einige wenige Orte ausgenommen, nicht das geringste Hälmchen noch Gräschen erblickte. Nach Verlauf von drei Stunden veränderte sich aber die Scene ganz und gar. Die Bauernhäuser standen nicht sehr weit von einander, die Felder waren umzäunt, Weinberge, Aecker und Wiesen wechselten miteinander ab. Ich erinnere mich nie eine schönere Landschaft gesehen zu haben. Ihre Excellenz bemerkten, daß sich mein Gesicht aufheiterte, und sagte mir mit einem Seufzer, daß jetzt seine Güter anfiengen, und sich bis an sein Landhaus erstreckten, wohin wir führen. Seine Landsleute verlachten und verachteten ihn, daß er seine Güter nicht besser verwaltete, und dem Königreiche ein so schlechtes Beispiel gäbe, welchem doch wenige Leute, und nur solche folgten, die alt, eigensinnig und eben so schwach als er wären.

Wir kamen endlich zu dem Landhause, welches wirklich ein prächtiges und im edelsten Styl aufgeführtes Gebäude war. Brunnen, Gärten, Baumgänge, Grotten, alles war mit vie-

Lagado gewesen, verlohr aber diese Stelle wieder, weil eine Ministerkabale ihn für unfähig dazu erklärte. Der König war aber doch gegen ihn als einen rechtschaffenen Mann, der nur ein wenig schwach von Kopf wäre, beständig sehr gnädig gesinnt.

Meine freie Meinung über den Zustand des Landes und seiner Einwohner beantwortete er indeß mit weiter nichts, als den gewöhnlichen Gemeinsprüchen, z. B. er wäre nicht lange unter ihnen gewesen, um darüber ein Urtheil fällen zu können; jedes Volk habe seine eigne Gewohnheiten u. s. w. Nachdem wir aber in seinem Palloste angekommen, fragte er mich, wie mir das Gebäude gefiele; was ich daran auszusetzen, und was ich an dem Aussehen und der Kleidung seiner Bedienten zu tadeln fände? Er hatte gut fragen, denn bei ihm war alles in der schönsten Ordnung, und größtem Pracht. Ich erwiederte daher, die Klugheit, der Stand und die Reichthümer Ihrer Excellenz bewahrten ihn vor allen den Mängeln, womit Thorheit und Armuth andre überhäuft hätte. Er sagte, wenn ich ihn nach seinem Landgute, das ohngefähr zehn Stunden von der Stadt läge, und wo er Güter hätte, begleiten wollte, so würden wir mehr Muße haben, über diese Sache zu reden. Ich antwor=

4. Kap. Der Verfasser verläßt Laputa.

sete, daß ich ganz zu seinen Diensten wäre, und demnach fuhren wir den folgenden Tag dahin.

Unterwegs machte er mich auf die mancherlei Arten der Landleute, ihr Feld zu bauen, aufmerksam, wovon ich aber nicht das Geringste begreifen konnte, indem ich, einige wenige Orte ausgenommen, nicht das geringste Hälmchen noch Gräschen erblickte. Nach Verlauf von drei Stunden veränderte sich aber die Scene ganz und gar. Die Bauernhäuser standen nicht sehr weit von einander, die Felder waren umzäunt, Weinberge, Aecker und Wiesen wechselten miteinander ab. Ich erinnere mich nie eine schönere Landschaft gesehen zu haben. Ihre Excellenz bemerkten, daß sich mein Gesicht aufheiterte, und sagte mir mit einem Seufzer, daß jetzt seine Güter anfiengen, und sich bis an sein Landhaus erstreckten, wohin wir führen. Seine Landsleute verlachten und verachteten ihn, daß er seine Güter nicht besser verwaltete, und dem Königreiche ein so schlechtes Beispiel gäbe, welchem doch wenige Leute, und nur solche folgten, die alt, eigensinnig und eben so schwach als er wären.

Wir kamen endlich zu dem Landhause, welches wirklich ein prächtiges und im edelsten Styl aufgeführtes Gebäude war. Brunnen, Gärten, Baumgänge, Grotten, alles war mit vielem Geschmack angelegt. Ich gab jedem Gegenstande, der mir in die Augen fiel, das gebührende Lob, worauf Ihre Excellenz aber nicht achteten, als bis nach dem Abendessen, wo sie mir unter vier Augen, nachdem die übrige Gesellschaft sich entfernt hatte, mit schwerem Herzen sagten, sie fürchteten noch genöthigt zu seyn, ihre Land- und Stadthäuser niederzureißen, sie nach der neuen Art zu bauen, ihre Pflanzungen zu zerstören, andere nach dem heutigen Geschmack anzulegen, und auch hiezu die Pächter und Bauern anzuhalten, wenn sie nicht für hochmüthig, eigensinnig, affektirt, närrisch und mürrisch gehalten, und sich vielleicht nicht zuletzt noch die Ungnade des Königs zuziehen wollten.

Meine Verwunderung, fuhr dieser würdige Herr fort, würde bald verschwinden oder sich doch verändern, wenn er mir einige Nachricht würde mitgetheilt haben, wovon ich am Hofe vermuthlich nichts gehört hätte, weil die Leute daselbst zu sehr in ihre Betrachtungen vertieft wären, als daß sie sich um das, was hier unten vorginge, bekümmerten.

Der Hauptinhalt von dem, was er mir nun sagte, war folgender. Vor ohngefähr vierzig Jahren reiseten einige Leute, entweder in Geschäften oder zu ihrem Vergnügen nach Laputa, und kamen nach fünf Monaten mit einer oberflächlichen Kenntniß in der Mathematik, aber mit desto mehr Hirngespinsten, die sie in dieser luftigen Insel gesponnen, wieder zurück. Gleich nach ihrer Rückkunft begonnen sie alles, was man hierunten machte, zu tadeln, und machten Entwürfe, alle schönen Künste und Wissenschaften, Sprachen und mechanischen Künste umzuschaffen. Zu dem Ende verschafften sie sich ein königliches Patent, in Lagado eine Akademie von Projektmachern zu errichten, und diese Laune breitete sich überall so schnell aus, daß in dem Reiche keine Stadt von irgend einigem Belang vorhanden ist, wo nicht eine solche Akademie wäre. In ihren Versammlungen erfinden die Gelehrten neue Regeln und Arten das Feld zu bauen, neue Werkzeuge für Handwerker und Manufakturisten, mittelst welcher ein Mann so viel ausrichten kann als zehn, ja sie lehren Gebäude in einer Woche und von so dauerhaften Materialien aufführen, daß es nie einer Ausbesserung bedarf; sie lehren alle Früchte zu allen Jahreszeiten zur Reife zu bringen, und alle Saamen hundertmal mehr Früchte tragen als jetzt, und unzählige andere Dinge mehr. Die einzige Unbequemlichkeit ist, daß keins von diesen Projekten noch zur Vollkommenheit oder vielmehr nur zu Stande gekommen, indeß das ganze Land auf die traurigste Weise wüste liegt, die Häuser einfallen, und das Volk weder Kleidung noch Nahrung hat. Dessen ungeachtet lassen sie den Muth nicht sinken, sondern verfolgen, von Hoffnung und Verzweiflung getrieben, ihre Projekte noch hundertmal hitziger. Er für seine Person habe keinen solchen unternehmenden Geist, sondern folge der alten Weise, wohne in Häusern, die seine Vorfahren gebaut hätten, und handle bei jedem Vorfall im alltäglichen Leben ohne Neuerungssucht wie sie. Einige wenige andere vornehme und geringere Personen machten es ebenso, aber man behandelte sie als eigensinnige, einfältige Leute, als Feinde aller Künste und Wissenschaften, unpatriotische Bürger, die ihre Gemächlichkeit und ihren Müßiggang dem Allgemeinen des Vaterlandes vorzögen.

Er fügte noch hinzu, er wolle mir durch eine fernere Beschreibung des Vergnügens nicht berauben, die Akademie selbst zu sehen, wohin ich durchaus gehen müßte. Nur bäte er mich, meine Augen auf ein altes verfallenes ohngefähr anderthalb Stunde an dem Abhange eines Berges liegendes Gebäude zu werfen, von welchem er mir folgende Nachricht gab. — Er habe eine halbe Stunde von seinem Hause eine sehr bequeme Mühle gehabt, die von dem Arme eines beträcht-

lichen Flusses getrieben worden, und nicht nur
für seine eigne Wirthschaft, sondern auch für
einen großen Theil seiner Pächter zugereicht hätte.
Vor sieben Jahren nun wäre ein Haufen dieser
Projektmacher zu ihm gekommen, und hätte ihm
den Vorschlag gemacht, diese Mühle niederzureißen, und eine andre an den Abhang eines
Berges zu bauen, auf dessen Spitze man einen
großen Wasserbehälter ausgraben, und das zum
Treiben der Mühle nöthige Wasser durch Röhren
und angelegte Kunstwerke hinauftreiben könnte, weil
Wind und Wetter die Maschiene in beständiger
Bewegung erhalten würden, und wegen des starken Falles vom Berge herab, nicht halb so viel
Wasser zum Treiben der Mühle nöthig wäre, als
wenn es in einem ebenen Bette flösse. — Er
habe endlich auch, weil er damals mit dem Hofe
nicht auf dem besten Fuße gestanden, auf das
Zureden seiner Freunde den Vorschlag sich gefallen und zwei Jahre über hundert Menschen arbeiten lassen. Nachdem aber das Werk mißlun-
gen, hätten sich die Projektmacher zurückgezogen
und alle Schuld auf ihn geschoben, bespotteten
ihn sogar, und beredeten nun mit der nämlichen
Versicherung eines glücklichen Erfolgs andere zu
dem Versuche, ob sich gleich derselbe immer auf
die nämliche Weise endigte.

Einige Tage nachher kamen wir wieder in die Stadt, und Ihro Excellenz empfohlen mich, weil sie mit der Akademie nicht in dem besten Vernehmen standen, und die Herren Akademiker nicht viel auf sie hielten, einem Ihrer Freunde, mich dahin zu begleiten. Dieser Herr stellte mich nun der Versammlung als einen großen Bewunderer von Projekten und als einen neugierigen und leichtgläubigen Mann vor, worin er auch wirklich etwas recht hatte, denn ich war in meinen jüngern Jahren selbst ein Projektmacher gewesen.

Fünftes Kapitel.

Der Verfasser geht in die große Akademie zu Lagado. Umständliche Beschreibung derselben. Die Wissenschaften und Künste, denen sich die Mitglieder vorzüglich widmen.

Die Akademie ist kein einzelnes zusammenhängendes Gebäude, sondern eine Reihe verschiedener Häuser auf beiden Seiten einer Straße, die man, weil solche sehr verfallen waren, kaufte und zu diesem Behuf einrichtete.

Ich wurde von dem Direktor sehr höflich empfangen, und besuchte viele Tage hinter einander die Akademie. In jedem Zimmer fand ich einen oder mehrere Projektmacher, und ich bin wohl in hundert Zimmern gewesen.

Der erste, den ich erblickte, war ein hagerer Mann mit schmutzigem Gesicht und unreinen Händen, langen, ungekämmten und hin und wieder versengten Haaren am Bart und Kopf. Kleider, Hemd und Haut hatten alles eine Farbe. Er brütete acht Jahr über einem Projekte, Sonnenstrahlen aus Gurken zu ziehen, die er in hermetisch-versiegelten Flaschen aufbehalten wollte, um bei rauhem kaltem Wetter im Sommer die Luft damit zu erwärmen. Er sagte mir, er hoffe in noch acht Jahren es dahin gebracht zu haben, einen beträchtlichen Vorrath von Sonnenschein in die Gärten des Statthalters liefern zu können, nur bedaure er, daß es mit seinem Geldvorrathe auf die Neige gienge, weshalb er mich um einen Beitrag zu Aufmunterung nützlicher Erfindungen ersuchte, da besonders dieses Jahr die Gurken sehr theuer wären. Ich machte ihm daher ein kleines Geschenk, denn Ihre Excellenz hatten mich mit Gelde versehen, weil sie wußten, daß niemand unangebettelt die Akademie besuchen konnte.

Ich gieng in ein ander Zimmer, wollte aber schnell wieder zurück, da mir ein entsetzlicher Gestank entgegen kam. Mein Begleiter drückte mich aber vorwärts, und flüsterte mir leise ins Ohr, ich möchte mich ums Himmels willen höflich betragen, und meine Nase nicht zuhalten, weil man dies sehr übel aufnehmen und sich dafür rächen möchte. Der Projektmacher in diesem Zimmer war das älteste Mitglied der Akademie. Gesicht und Bart waren blaßgelb, und Hände und Kleider über und über mit Koth besudelt. Als ich ihm vorgestellt wurde, umarmte er mich herzlich und drückte mich hart an sich, welche Höflichkeit ich ihm gern erspart hätte. Sein Geschäft seit seiner Aufnahme in der Akademie war, Menschenkoth durch Auflösung seiner Theile und durch Absonderung der Tinktur, welche er von der Galle erhält, durch Verdünstung des Geruches und Abschäumung des Speichels wieder in die ersten Nahrungsmittel zu verwandeln. Die Gesellschaft ließ ihm täglich ein Faß solchen Kothes ohngefähr von der Größe eines Bierfasses zukommen.

Ich sah einen andern beschäftigt, Eis in Schießpulver zu kalziniren. Er zeigte mir eine Abhandlung, die er über das Feuer geschrieben hatte, um dasselbe fest und hämmerbar zu maben. Ich fand auch einen sehr geschickten Baumeister, der eine neue Methode erfunden hatte, Häuser zu bauen und beim Dache anzufangen, und dann niederwärts bis zum Grunde hinabzuführen. Diese Weise zu bauen rechtfertigte er durch das Beispiel der zwei vernünftigsten Insekten, der Bienen und Spinnen.

Ferner traf ich einen Blindgebohrnen, der mehrere Schüler seines Gleichen um sich hatte. Die Beschäfftigung derselben war, Farben für Mahler zu mischen, welche ihr Lehrmeister sie durch Gefühl und Geruch unterscheiden lehrte. Ich kam aber unglücklicher Weise zu einer Zeit zu ihnen, wo sie in ihrer Kunst noch keine großen Fortschritte gemacht hatten, und der Lehrer irrte sich gewöhnlich selbst. Er steht bei der ganzen Akademie in größtem Ansehen, und wird durch einen guten Gehalt für seine Bemühungen reichlich belohnt.

In einem andern Zimmer machte mir ein Projektmacher ungemein viel Spaß. Er hatte nämlich erfunden, das Feld durch Schweine umzuackern, und auf diese Weise die Kosten des Pflügens der Ochsen und Arbeitsleute zu ersparen. Seine Methode war folgende: Man vergräbt auf einem Acker sechs Zoll weit von einander und acht Zoll tief eine Menge Eicheln,

Kastanien und ander Mastfutter, das diese Thiere gern fressen, treibt alsdann fünf bis sechshundert Schweine auf das Feld, die in wenig Tagen den Boden beim Aufsuchen ihrer Nahrung ganz umkehren, ihn zum Säen geschickt machen, und zugleich mit ihrem Kothe düngen werden. Man hat zwar bei angestellten Versuchen gefunden, daß Kosten und Mühe sehr groß sind, allein man zweifelt nicht, daß diese Erfindung noch gar sehr wird verbessert werden können.

Ich gieng in ein anderes Zimmer, dessen Decke und Wände ganz mit Spinneweben bedeckt waren, die kleine Oeffnung ausgenommen, durch die der Künstler aus und eingieng. Bei meinem Eintritt rief er mir laut zu, nichts von dem Gewebe zu verderben. Er beklagte es gar sehr, daß die blinde Welt sich so lange von der unglücklichen Thorheit hatte hinreißen lassen, Seidenwürmer zu ziehen, da man doch dies Hausinsekt in so großer Menge hätte, welches jene Würmer weit überträfe, weil es nicht nur spinnen, sondern auch weben könnte. Er behauptete ferner, daß man bei dem Gebrauch der Spinnen auch noch die Kosten des Färbens der Seide ersparen könnte, wovon ich auch überzeugt ward, indem er mir eine Menge prächtig gefärbter Fliegen wies, womit er die Spinnen fütterte, und wovon die Fäden sich färben müßten. Da er nun Fliegen von allen möglichen Farben hatte, so hoffte er auch den Geschmack eines Jeden zu befriedigen, wenn er nur eine schickliche Nahrung von gewissem Gummi, Oel und andern klebrichten Materien für die Fliegen würde gefunden haben, um den webenden Faden der Spinnen die nöthige Stärke und Haltbarkeit zu geben.

Es war ein Sternseher da, der auf den großen Wetterhahn des Rathhauses eine Sonnenuhr anbringen, und sie dem täglichen und jährlichen Umlaufe der Sonne und der Erde so anpassend machen wollte, daß solche mit allen den zufälligen Bewegungen des Windes, der den Wetterhahn drehte, übereinstimmen sollte.

Ich beklagte mich über einen kleinen Anfall von Kolik, worauf mein Begleiter mich in ein Zimmer führte, worin ein großer Arzt war, der wegen Heilung dieses Uebels mittelst zwei entgegengesetzter Operationen durch ein und das nämliche Instrument sehr berühmt war. Er hatte einen großen Blasebalg, der mit einer langen dünnen helfenbeinernen Röhre versehen war: diesen drückte er acht Zoll tief in den After des Kranken, und zog den Wind hinein, wodurch er die Gedärme so schlank und dünne als eine

Kastanien und ander Mastfutter, das diese Thiere gern fressen, treibt alsdann fünf bis sechshundert Schweine auf das Feld, die in wenig Tagen den Boden beim Aufsuchen ihrer Nahrung ganz umkehren, ihn zum Säen geschickt machen, und zugleich mit ihrem Kothe düngen werden. Man hat zwar bei angestellten Versuchen gefunden, daß Kosten und Mühe sehr groß sind, allein man zweifelt nicht, daß diese Erfindung noch gar sehr wird verbessert werden können.

Ich gieng in ein anderes Zimmer, dessen Decke und Wände ganz mit Spinneweben bedeckt waren, die kleine Oeffnung ausgenommen, durch die der Künstler aus und eingieng. Bei meinem Eintritt rief er mir laut zu, nichts von dem Gewebe zu verderben. Er beklagte es gar sehr, daß die blinde Welt sich so lange von der unglücklichen Thorheit hatte hinreißen lassen, Seidenwürmer zu ziehen, da man doch dies Hausinsekt in so großer Menge hätte, welches jene Würmer weit übertrâfe, weil es nicht nur spinnen, sondern auch weben könnte. Er behauptete ferner, daß man bei dem Gebrauch der Spinnen auch noch die Kosten des Färbens der Seide ersparen könnte, wovon ich auch überzeugt ward, indem er mir eine Menge prächtig gefärbter Fliegen wies, womit er die Spinnen

fütterte; und wovon die Fäden sich färben müßten. Da er nun Fliegen von allen möglichen
Farben hatte, so hoffte er auch den Geschmack
eines Jeden zu befriedigen, wenn er nur eine
schickliche Nahrung von gewissem Gummi, Oel
und andern klebrichten Materien für die Fliegen
würde gefunden haben, um den webenden Faden
der Spinnen die nöthige Stärke und Haltbarkeit zu geben.

Es war ein Sternseher da, der auf den
großen Wetterhahn des Rathhauses eine Sonnenuhr anbringen, und sie dem täglichen und
jährlichen Umlaufe der Sonne und der Erde so
anpassend machen wollte, daß solche mit allen
den zufälligen Bewegungen des Windes, der
den Wetterhahn drehte, übereinstimmen sollte.

Ich beklagte mich über einen kleinen Anfall
von Kolik, worauf mein Begleiter mich in ein
Zimmer führte, worin ein großer Arzt war, der
wegen Heilung dieses Uebels mittelst zwei entgegengesetzter Operationen durch ein und das nämliche Instrument sehr berühmt war. Er hatte
einen großen Blasebalg, der mit einer langen
dünnen helfenbeinernen Röhre versehen war;
diesen drückte er acht Zoll tief in den After des
Kranken, und zog den Wind hinein, wodurch
er die Gedärme so schlank und dünne als eine

ausgetrocknete Blase machen zu können versicherte. War aber die Krankheit hartnäckig und heftig, so füllte er den Blasbalg mit Luft, und blies solche alsdann in den Leib des Kranken, zog das Instrument heraus, um es wieder mit Luft zu füllen, während er den Daum dicht vor die Mündung des Hintern hielt. Hatte er diese Operation drei bis viermal wiederhohlt, so brach die von außen eingepumpte Luft los, riß die innern mit ihr vermischte schädliche mit sich heraus, (so wie Wasser die Unreinigkeiten aus einem Gefäße mit sich fortnimmt) worauf der Kranke sogleich genaß. Ich sah ihn beide Versuche an einem Hunde machen, konnte aber bei dem ersten keine Wirkung entdecken. Bei dem letzten war das aufgeblasene Thier beinah zerplatzt, und gab die Luft mit einem gewaltigen Knall von sich, welches aber mir und meinem Begleiter eine widrige Empfindung verursachte. Der Hund starb auf der Stelle, und wir verließen den Doktor sehr beschäftigt, das Thier durch eine ähnliche Operation wieder ins Leben zurückzubringen.

Ich gieng noch in mehrere Zimmer, will aber den Leser, der schon mit meiner Liebe zur Kürze bekannt ist, nicht mit einer umständlichen Beschreibung aller Seltenheiten beschwerlich fallen.

Bis jetzt hatte ich nur eine Seite der Akademie besehn. Die andere ist für die Bearbeiter der spekulativen Philosophie bestimmt, von denen ich einiges melden werde, wenn ich vorher erst von einem berühmten Manne etwas werde erzählt haben, den sie den Universalkünstler nennen. Er sagte uns, daß er sich dreißig Jahre mit Entdeckung zum allgemeinen Besten der Menschheit beschäftigt habe. Er hatte zwei Zimmer voll der größten Seltenheiten, und funfzig Menschen arbeiteten unter seiner Aufsicht. Einige verdickten die Luft zu einer fühlbaren trocknen Materie, indem sie den Salpeter herauszogen, und die flüßigen wäßrigen Theile durchseihen. Andre suchten den Marmor so weich zu machen, um daraus Kopf und Nadelküssen zu verfertigen, andere bemühten sich die Hufe der Pferde zu versteinern, um solche vor dem Abnutzen und Steifwerden zu bewahren. Der Künstler selbst beschäftigte sich damals mit zwei großen Gegenständen. Eins war, die Erde mit Spreu zu besäen, worin die wahre Zeugungskraft verborgen wäre, wie er aus verschiedenen Experimenten, die ich aber nicht zu begreifen im Stande war, bewies. Das andere war mittelst einer Mischung von Gummi, Mineralien und Pflanzen zu verhindern, daß zwei junge Lämmer, die er mit dieser Mischung beschmierte, nicht ein Haar Wolle mehr wüchse, und er hoffte, daß sich nach Verlauf einiger Zeugungen solche nackte Schaafe von selbst fortpflanzen würden.

Wir giengen quer über die Straße nach der andern Seite der Akademie, wo, wie ich schon erwähnt habe, die Projektmacher der spekulativen Gelehrsamkeit wohnten.

Der erste Lehrer, den ich erblickte, befand sich in einem großen Zimmer und hatte etwa vierzig Schüler um sich. Nach den ersten Komplimenten bemerkte er, daß ich meine Augen auf eine Maschiene heftete, die den größten Theil des Zimmers einnahm. Er sagte, vielleicht würde ich mich wundern, ihn mit einem Projekte beschäftigt zu sehen, wie man spekulative Wissenschaften durch mechanische Operationen erweitern könnte. Die Welt würde aber bald von dem Nutzen derselben überzeugt werden, und er schmeichelte sich, daß nie ein erhabener Gedanke in irgend eines Menschen Sinn gekommen. Jeder Mensch wüste, wie mühsam die gewöhnliche Methode sey, Künste und Wissenschaften zu erlernen, durch seine Erfindung hingegen könnte der dümmste Mensch mit geringen Kosten und einer geringen körperlichen Arbeit, ohne die mindeste Mithülfe von Genie oder wissenschaftlicher

Kenntniß, philosophische, poetische, politische, juristische und theologische Bücher schreiben. —

Nun führte er mich zu der Maschiene, um welche herum seine Schüler in Reihen standen. Sie hatte zwanzig Fuß ins Gevierte, und stand mitten in Zimmer. Die Oberfläche bestand aus verschiedenen Stücken Holz, ohngefähr so dick wie ein Würfel. Doch waren einige größer als die andern. Sie waren alle mit dünnen Drathfaden zusammengebunden, auf allen Seiten mit aufgeleimten Papiere überzogen; und mit allen Wörtern ihrer Sprache in ihren verschiedenen modis, temporibus, und declinationibus beschrieben, doch ohne dabei auf eine Ordnung Rücksicht zu nehmen. Der Herr Professor bat mich, genau Acht zu haben, denn er wollte jetzt seine Maschiene in Bewegung setzen. Jeder von den Zuhörern ergriff auf sein Geheiß eine Handhabe, deren Anzahl sich auf vierzig belief, die ringsum an dem Rande der Maschiene befestigt waren. Wurden solche nun auf einmal herum gedreht, so kamen die Wörter dadurch in eine ganz andere Stellung gegeneinander. Sechs und dreißig seiner Schüler musten nun die verschiedenen Wörterreihen, so wie sie auf der Maschiene zum Vorschein kamen, langsam lesen; und wenn sie einige Worte bekannten fanden, die einen Sinn gaben, solche den übrigen, welche schrieben, diktiren. Diese Verrichtung wurde drei bis viermal wiederhohlt, und die Maschiene war so eingerichtet, daß die Worte immer eine andere Stellung gegen einander bekamen, so wie der Würfel in Bewegung gesetzt und gedreht wurde.

Sechs Stunden des Tages brachten die Schüler mit dieser Arbei zu, und der Professor zeigte mir verschiedene starke Foliaten, die mit solchen einzelnen Sätzen und Sprüchen angefüllt waren, die er zusammen ordnen, und dann aus diesem reichen Stoff einen vollkommenen Inbegriff aller Künste und Wissenschaften machen wollte; welches große Werk, wie er sagte: dadurch sehr erleichtert und vervollkommt werden könnte, wenn man fünfhundert solche Maschienen in Lagado aufstellte, und denjenigen, welche die Aufsicht darüber hatten, Befehl ertheilte, ihre Sammlungen zum allgemeinen Besten mit einander zu vereinigen.

Er versicherte mich, er habe seit seiner Kindheit sich einzig und allein mit dem Gedanken einer solchen Erfindung beschäftigt, habe das ganze Wörterbuch auf diese Maschiene gebracht, und aufs genaueste berechnet, in welchem Verhältniß die Anzahl der Partikeln, die Menn- und

Zeitwörter, und andere Redetheile mit in dem Stünden.

Ich stattete diesem großen Mann für die gütige Mittheilung seiner Erfindung den verbindlichsten Dank ab, und versprach ihm, daß, wenn ich je so glücklich seyn sollte, mein Vaterland wieder zu sehen, ich ihm Gerechtigkeit wiederfahren, und ihn als den einzigen Erfinder dieser bewundernswürdigen Maschiene, wovon ich mit seiner Erlaubniß einen Abriß nahm, bekannt zu machen, auch wurde ich, da es in Europa unter den Gelehrten sehr gewöhnlich sey, sich einander die Erfindungen abzustehlen, woraus sie wenigstens den Vortheil zögen, daß oft ein Zweifel und ein Streit entstünde, solche Maaßregeln ergreifen, daß ihm die Ehre der Erfindung allein bleiben, und von keinem Nebenbuhler streitig gemacht werden sollte.

Von ihm giengen wir in die Sprachschule, worin drei Professoren saßen, und über die Verbesserung der Landessprache Berathschlagung hielten.

Das erste Projekt war, ob man nicht die Gespräche abkürzen, und die vielsylbigen Wörter in einsylbige umschaffen, und die Zeitwörter nebst dem Partikeln weglassen könnte, weil doch alle wirkliche Dinge, die sich denken ließen, nur Nennwörter wären.

Das zweite Projekt betraf den großen Gegenstand, den Gebrauch der Wörter ganz und gar abzuschaffen, welches nicht nur für die Gesundheit, sondern auch in Ansehung der Kürze, seine Gedanken zu äußern sehr vortheilhaft seyn würde. Es sey nämlich offenbahr, daß jedes ausgesprochene Wort die Lungen etwas angreife und abnütze, und folglich auch unser Leben verkürze. Da nun Wörter nichts als Zeichen von Dingen wären, so würde es weit ersprießlicher seyn, wenn jeder die Dinge, wovon er reden wollte, bei sich trüge. Diese Erfindung würde auch zu großer Erleichterung und Erhaltung der Gesundheit sämtlicher Unterthanen gewiß eingeführt worden seyn, wenn nicht die Weiber samt dem Jan Hagel und Ungelehrten gedrohet hätten, einen Aufruhr zu erregen, wofern man ihnen nicht die Freiheit der Zunge, eben so, wie ihre Vorfahren solche gehabt, gestatten wollte. — Solch ein unversöhnlicher Feind der Wissenschaften ist der Pöbel! Viele sehr gelehrte und weise Männer machen indeß doch Gebrauch von dieser Methode, ihre Gedanken durch sichtbare Dinge auszudrücken, wobei nur die einzige Unbequemlichkeit ist, daß Jemand, der viele und verschiedene Geschäfte hat, nach Verhältniß auch ein größeres Bündel Dinge auf seinem Rücken tragen oder sie sich von einem oder ein Paar starten Kerlen nachtragen lassen muß. Ich habe oft gesehen, daß Gelehrte unter der Last ihres Pakets gebückt einhergiengen, so wie bei uns die Hausirer. Begegneten sich ein Paar dieser Herren auf der Straße, so sezten sie ihre Pakete auf die Erde, öffneten sie, und unterhielten sich wohl eine Stunde. Alsdann packten sie ihre Dinge wieder zusammen, halfen sich einander wieder auf, und empfahlen sich.

Für kurze Gespräche kann aber Jemand wohl hinlänglichen Vorrath in den Taschen und unter den Armen bei sich führen, und in seinem Hause hat es keine Noth, denn bei denen, welche ihre Gedanken auf diese Weise zu erkennen geben, ist das Gesellschaftszimmer mit allen Dingen, die zu dieser künstlichen Art von Unterhaltung nöthig sind, hinlänglich versehen, um sie gleich bei der Hand zu haben.

Noch einen andern großen Vortheil hoffte man von dieser Erfindung, daß sie nemlich als allgemeine Sprache allen civilisirten Nationen dienen könne, deren Güter und Werkzeuge überhaupt einerlei, oder doch einander sehr ähnlich, daß man den Gebrauch derselben bald errathen könnte. Gesandte würden mit fremden Fürsten und Ministern unterhandeln können, von deren Sprache sie auch nicht eine Sylbe verstünden.

Ich kam in die mathematische Schule, wo der Professor sich einer Lehrart bediente, die man sich in Europa kaum wird denken können. Die Lehrsätze und Beweise wurden auf eine dünne Oblate mit Dinte geschrieben, die von einer das Haupt stärkenden Tinktur verfertiget war. Diese Oblate muste der Schüler morgens nüchtern verschlucken, und drei Tage darauf nichts als Brot und Wasser essen. Wie die Oblate verdauet wurde, stieg die Tinktur und mit ihr der bewiesene Satz zum Gehirn auf. Allein der Erfolg hat bis jetzt dem beabsichtigten Zweck noch nicht entsprechen wollen, theils weil man sich dabei in der Größe der Dosis, und deren Zusammensetzung geirrt hat, theils weil die Schüler einen ganz verkehrten Sinn haben, indem ihnen dieser Bissen so ekelhaft ist, daß sie sich gemeiniglich wegstehlen, und ihn wieder von sich geben, ehe er wirken kann. Auch hat man sie noch nicht bereden können, so lange zu fasten, als die Vorschrift lautet.

Sechs=

Sechstes Kapitel.

Fernere Nachricht von der Akademie. Der Verfasser
schlägt einige Verbesserungen vor, die sehr gut
aufgenommen wurden.

In der politischen Projektmacherschule fand ich
schlechte Unterhaltung. Die Professoren schienen nach meinem Urtheile ganz verrückt im Kopfe zu seyn, welches für mich allezeit ein sehr
trauriges Schauspiel ist, und mich schwermüthig
macht. Diese unglücklichen Leute machten Entwürfe, wie man Monarchen bereden könnte,
bei der Wahl ihrer Lieblinge bloß auf Weisheit,
Fähigkeit und Tugend Rücksicht zu nehmen; wie
man Minister lehren könnte, für das allgemeine
Beste zu sorgen, Verdienste, große Talente und
Thaten zum Besten des Staats zu belohnen,
Fürsten nur mit dem, worin ihr wahrer Vortheil bestehe, bekannt zu machen, damit solche
ihren eignen Vortheil nie von dem Vortheile ihrer Unterthanen trennten; die Aemter bloß solchen Personen zu geben, welche Fähigkeiten und Geschicklichkeiten dazu haben, nebst vielen andern

solchen lächerlichen Hirngespinsten und Unmöglichkeiten mehr, die vorher nie in eines Menschen Sinn gekommen. Dies bestätigte mir die schon alte und längst gemachte Bemerkung, daß nichts so Ungereimtes und Unvernünftiges in der Welt wäre, welches nicht irgend einmal ein Philosoph für wahr angenommen.

Doch ich muß diesem Theil der Akademie in so weit Gerechtigkeit wiederfahren lassen, daß nicht alle Glieder solche Träumer waren. Es war da ein sehr scharfsinniger Mann unter ihnen, der die Natur und das ganze System der Regierungskunst vortreflich inne zu haben schien. Dieser große Mann hatte auf eine sehr nützliche Weise seine Zeit und seinen Fleiß dazu angewendet, Mittel gegen alle Krankheiten und Verderbnisse zu finden, denen die verschiedenen Arten der Staatsverwaltung, sowohl in Rücksicht auf die Schwachheiten und Laster der Regierenden, als auch der Gehorchenden unterworfen sind. Z. B. Da alle Schriftsteller über die Staatsklugheit und alle Staatskundige eingestehen, daß zwischen einem natürlichen und politischen Körper eine genaue Uebereinstimmung sey, so leuchtet ein, daß die Gesundheit beider auf einerlei Weise erhalten, so wie ihre Krankheiten auf die nämliche Art geheilt werden müssen. Es ist aber bekannt, daß kleinere und größere Rathsversammlungen oft wegen überflüssiger, aufwallender und schädlicher Säfte vielen Zufällen ausgesetzt, und mit Kopfkrankheiten, vorzüglich aber mit Krankheiten des Herzens behaftet sind, starke Konvulsionen mit heftigem Zucken der Nerven und Muskeln beider Hände, hauptsächlich der rechten bekommen, in Schwindel und Raserei fallen, häßliche Geschwülste und eiternde Geschwüre, Keichhusten, Rülpsen und andere böse Zufälle bekommen, die ich hier nicht alle erwähnen mag. Dieser gelehrte Doktor schlug nun vor, es sollten sich an den ersten drei Sitzungstagen der Rathsversammlung einige Aerzte einfinden, und am Ende der Debatten eines jeden Tages jedem Mitgliede den Puls fühlen, hätten sie alsdann die Beschaffenheiten der verschiedenen Krankheiten gehörig untersucht, und reiflich überlegt, wie sie solche heilen wollten, so sollten sie den vierten Tag, begleitet von Apothekern, die mit guten Arzeneien versehen wären, wieder in die Rathsversammlung kommen, und ehe sich die Glieder setzten, nach Erforderniß der Umstände lenitiva, aperientia, abstersiva, corrosiva, restringentia, palliativa, laxativa, absorbentia, kephalalgica, utrica, apophlegmatica, akustica u. d. gl. eingeben, und, je nachdem die

Arzeneien wirkten, damit fortfahren, oder eine Aenderung treffen, oder aufhören.

Die Ausführung dieses Projekts könnte dem Staat keine großen Kosten verursachen, und würde nach meiner unmaßgeblichen Meinung zu Beschleunigung der Geschäfte in denjenigen Ländern, wo die Rathsversammlungen an der gesetzgebenden Gewalt Theil haben, sehr beschleunigen, Einigkeit hervorbringen, die Debatten abkürzen, manchen jetzt verschlossenen Mund öffnen, und viele immer offenstehende zuschließen, den Muthwillen der Jungen im Zaum halten, die Hartnäckigen, unbiegsamen Alten nachgiebig machen, die Blödsinnigen wecken, und den Vorwitzigen abschrecken.

Da es ferner eine allgemeine Klage ist, daß die Lieblinge der Fürsten ein schwaches Gedächtniß haben, so schlug der nämliche Doktor vor, daß jeder, der einem von den ersten Ministern die Aufwartung gemacht, und seine Sache mit der möglichsten Kürze und Deutlichkeit vorgetragen hätte, ihn beim Abschiede dreimal an der Nase oder an den Ohren zwicken, oder ihm einen derben Stoß in die Seite geben, oder ihm auf die Hühneraugen treten, oder den Arm braun und blau kneipen, oder mit der Nadel in den Hintern stechen sollte, damit er die Sache nicht vergäße. Diese Operation sollte alle Tage beim Aufstehen wiederhohlt werden, bis das Gesuch entweder erfüllt oder gänzlich abgeschlagen worden.

Er schlug ferner vor, jedes Glied einer Staatsversammlung sollte nach dem Vortrage und nach angeführten Gründen seiner Meinung, verbunden seyn, seine Stimme gerade der entgegengesetzten Meinung zu geben, weil alsdann der Schluß gewiß zum Besten des gemeinen Wesens ausfallen würde.

Sollten Parteien in einem Staate gar zu erbittert gegen einander seyn, so schlägt er ein wunderbares Mittel vor, sie zu vereinigen. Man sollte hundert Hauptanführer von jeder Partei nehmen, sie Paarweise, deren Köpfe nämlich gleich groß wären, zusammenstellen, und zu gleicher Zeit, das Obertheil des Kopfes von jedem Paar genau mitten durchsägen, daß das Gehirn in zwei gleiche Theile getheilt würde. Diese abgeschnittene Gehirnhälften würden nun miteinander vertauscht, und die Hälfte des einen auf die Hälfte des andern gelegt. Diese Operation scheint freilich eine außerordentliche Geschicklichkeit und Genauigkeit zu erfodern, aber der Professor versicherte, daß bei gehöriger Vollendung die Heilung untrüglich sey. Er schloß nämlich so: da die zwei Gehirnhälften sich nun selbst überlassen wären, und ihre Streitigkeiten in dem engen Raume eines Hirnschädels unter sich auszumachen hätten, so würden sie sich bald mit einander vertragen, und zugleich in den Köpfen derer, die sich einbildeten, daß sie nur in die Welt gekommen wären, auf die darin vorgehenden Bewegungen zu wachen und zu regieren, Mäßigung und Harmonie hervorbringen. Was den Unterschied der Gehirne der Häupter beider Parteien in Rücksicht auf Quantität und Qualität betrift, so versicherte uns der Doktor, daß dies eine unbedeutende Kleinigkeit sey.

Ich hörte zwischen zwei Professoren einen sehr heftigen Streit über das bequemste und wirksamste Mittel, Geld von den Unterthanen zu erheben, ohne sie dabei auf irgend eine Art zu drücken. Der Erste behauptete, die beste Methode wäre, auf gewisse Thorheiten und Laster eine Abgabe zu legen, und diese sollte Jedem von seinen geschwornen Nachbarn auf eine billige Art bestimmt werden. Der Andere war der ganz entgegengesetzten Meinung, und behauptete, man sollte auf diejenigen körperlichen und geistigen Gaben, weswegen sich die Menschen selbst am meisten schätzten, eine Abgabe legen, welche um so viel höher oder geringer seyn müßte, je nachdem Jemand mehr oder weniger in einer Sache sich hervorthäte. Den Grad des letztern sollte man einem Jeden zur Entscheidung selbst überlassen. Die höchste Abgabe sollten diejenigen entrichten, welche bei dem Frauenzimmer am meisten gelten, und die Abgabe sollte nach der Zahl und Art der genossenen Gunstbezeigungen geschätzt werden, welche sie selbst anzugeben die Freiheit haben müsten. Witz, Tapferkeit und feine Lebensart sollten ebenfalls mit einer ansehnlichen Abgabe belegt, und solche nach dem Grade, den jeder von sich selbst angäbe, eingefödert werden. Ehre hingegen, Gerechtigkeit, Weisheit und Gelehrsamkeit sollten ganz und gar nicht taxirt werden, weil dies solche Eigenschaften wären, deren niemand sich berühmte, oder weswegen er sich einen großen Werth beilegte.

Die Frauenzimmer müsten nach ihrer Schönheit und Geschicklichkeit im Putz taxirt werden, wobei sie aber doch das nämliche Recht genießen, welches die Männer hätten, nämlich sich selbst zu schätzen. Treue, Keuschheit, Verstand, Wohlwollen sollten abgabefrei seyn, weil sie die Kosten des Erhebens nicht eintragen würden.

Um die Glieder der Staatsversammlung für die Krone zu gewinnen, sollten solche um die Aemter würfeln, jeder aber sich zuvor durch einen sich anheischig machen und Sicherheit stellen, daß er für den Hof stimmen wollte, er möchte gewinnen oder nicht: die, welche zu wenig Augen geworfen, sollten bei der nächsten Erledigung von neuem würfeln. Auf diese Weise würde Hoffnung und Erwartung stets rege erhalten; Niemand würde sich über getäuschte Versprechungen beklagen, sondern alles dem Zufalle des Schicksals zuschreiben, dessen Schultern breiter und stärker wären als die der Minister.

Ein anderer Professor zeigte mir einen großen Stoß Papier, worauf lauter Vorschriften und Anweisungen standen, wie man Komplotte und Verschwörungen gegen die Regierung entdecken könne. Er gab Staatsmännern den Rath, sich zu erkundigen, was für eine Diät die verdächtigen Personen beobachteten, um welche Zeit sie äßen, auf welcher Seite sie schliefen, mit welcher Hand sie sich den Hintern wischten; ferner ihre Extremente genau zu untersuchen, um von der Farbe, dem Geruch, dem Geschmack, der Dichte, der schlechten oder gehörigen Verdauung auf ihre Gedanken und Entwürfe schließen zu können, weil die Leute nie ernsthafter, nachdenkender und tiefsinniger wären, als wenn sie auf den Abtritt säßen, wie er aus verschiedenen Proben gefunden habe. Dächte Jemand

z. B. darüber nach, wie man den König am sichersten ermorden könne, so würde sein Koth grün, hingegen aber ganz anders gefärbt seyn, wenn er nur darauf sinne, einen Aufruhr zu erregen, oder die Hauptstadt in Brand zu stecken.

Die ganze Abhandlung war mit vielem Scharfsinn geschrieben, und enthielt viele merkwürdige und nützliche Beobachtungen für Politiker, ob sie gleich meinem Dünken nach nicht ganz vollkommen war. Ich war so frei, dies dem Verfasser selbst zu sagen, und both ihm an, seine Sammlung, wenn er Lust hätte, mit einigen Beiträgen zu vermehren. Er nahm mein Anerbieten mit mehr Gefälligkeit an, als Schriftsteller, und vorzüglich die Projekte machende, gewöhnlich zu thun pflegen. Er sagte, jeder Beitrag würde ihm außerordentlich lieb seyn.

Ich erzählte ihm daher, daß in dem Königreiche Tribnia *), welches die Einwohner Langdon nennten, wo ich mich einige Zeit aufgehalten, der große Haufe der Nation gewissermaßen aus lauter Spionen, Verräthern, Zeugen, Angebern, Verfolgern, Schwörern und dergl. bestünde, die alle wieder ihre Untergeordneten und Werkzeuge hätten, und sämtlich unter den Fahnen, der Auführung und im Solde der Staats-

*) Britany.

minister und ihrer Deputirten stünden. Die Komplotte in diesem Königreiche wären gewöhnlich weiter nichts, als das Werk solcher, welche sich dadurch den Ruhm tiefdenkender Staatsmänner zu erwerben, einem wirklichen fallenden Ministerium wieder Festigkeit zu geben, das allgemeine Mißvergnügen zu stillen, oder auf andere Gegenstände zu lenken, ihre Koffer mit konfiszirten Vermögen zu füllen, und den öffentlichen Kredit, so wie ihr eigner Vortheil es am meisten mit sich brächte, zu vermehren oder zu schwächen suchten. Sie verabredeten, und machten unter sich aus, was für Personen, auf die ihr Verdacht gefallen, von ihnen einer Verschwörung angeklagt werden sollten, nähmen alsdann die gehörigen Maßregeln, sich der Papiere derselben zu versichern, und die Eigenthümer in Ketten zu werfen. Diese Papiere würden alsdann einem Haufen kunsterfahrner Personen übergeben, die vorzüglich geschickt wären, den geheimen Sinn der Wörter, Sylben und Buchstaben ausfindig machen.

Sie wären z. B. im Stande zu entdecken, daß ein Nachtstuhl einen Geheimen Staatsrath, eine Heerde Gänse einen Senat, ein lahmer Hund einen einfallenden Feind, die Pest eine stehende Armee, ein Geier einen ersten Staats-

meister, das Podagra einen Bischof, der Galgen einen Staatssekretär, der Nachttopf ein
Ausschuß von Pairs, ein Sieb eine Hofdame,
der Besen eine Revolution, die Mausefalle ein
Amt, ein bodenloser Abgrund, die Schatzkam-
mer, ein Kloack den Hof, eine Schellenkappe den
Liebling, ein zerbrochener Stab einen Gerichts-
hof, ein leeres Faß einen General, ein Eiterge-
schwür die Regierungsverwaltung bedeute.

Schlüge diese Methode fehl, so hätten sie
noch zwei andere wirksamere Mittel zu ihrem
Zweck zu gelangen, welche die Gelehrten Akros-
sticha und Anagrammata nennten. Durch
die erste könnten sie in allen Anfangsbuchstaben
einen politischen Sinn heraus deschiffriren, z. B.
N bedeute ein Komplott, B ein Regiment Rei-
terei, C eine Flotte u. s. w. Durch die andere
könnten sie mittelst Versetzung der Buchstaben
eines verdächtigen Papiers die geheimsten An-
schläge einer misvergnügten Partei ans Tages-
licht bringen. Wenn ich z. B. in einem Briefe
an einen Freund sagen wollte. „Unser Bruder Christoph hat die Hämorrhoiden bekommen,"
so wird ein geschickter Deschiffrirer herausbringen. „Das Komplot kommt in Bruder Chri-
stophs Haus." Das ist die anagrammatische
Methode.

Der Professor sagte mir sehr verbindlichen Dank für die mitgetheilten Beobachtungen, und versprach mir, in seiner Abhandlung meiner ehrenvoll zu erwähnen.

Weiter habe ich in diesem Lande nichts gesehen, das mich hätte reizen können, mich noch länger zu verweilen, und dachte daher darauf meine Rückreise nach England anzutreten.

Siebentes Kapitel.

Der Verfasser reiset von Lagado ab, und kommt nach Maldonada; findet kein segelfertiges Schiff, und macht eine kleine Reise nach Glubbdubdrib. Seine Aufnahme bei dem Statthalter.

Das feste Land, wovon dies Königreich ein Theil ist, erstreckt sich, wie ich zu vermuthen guten Grund habe, gegen Osten bis an jenen westwärts von Kalifornien gelegenen Strich Landes von Amerika, und nordwärts an das stille Meer, welches nicht über hundert und funfzig englische Meilen von Lagado entfernt ist. Hier ist ein guter Hafen, wo nach der großen Insel

7. Kap. Der Verfasser reiset von Lagado ab. 77

Lugnagg, die gegen Nordwesten ohngefähr unter dem zwei und zwanzigsten Grad nördlicher Breite und hundert und vierzigsten der Länge liegt, starker Handel getrieben wird. Diese Insel Lugnagg ist gegen Südosten ohngefähr hundert Meilen von Japan entfernt. Zwischen dem Kaiser von Japan und dem König von Lugnagg ist ein enges Bündniß, daher sich öfters Gelegenheit findet, von einer Insel nach der andern zu fahren. Ich beschloß, meinen Weg dahin zu nehmen, um von da wieder nach Europa reisen zu können; miethete mir ein Paar Maulesel, mein Gepäck zu tragen, nebst einem Wegweiser, der mir den Weg zeigte, und nahm alsdann von meinem großmüthigem Gönner, der mir so viel Gefälligkeit erwiesen, und mir noch außerdem ein beträchtliches Geschenk machte, Abschied.

Auf meiner Reise begegnete mir nichts, das der Mühe werth wäre, zu erzählen. Als ich in Maldonada ankam, war kein Schiff im Hafen vorhanden, das nach Lugnagg segelte, und man vermuthete auch nicht sehr bald eins. Die Stadt ist beinah so groß, als Portsmouth. Ich machte bald einige Bekanntschaften, und wurde überall sehr freundschaftlich aufgenommen. Ein Herr von Stande sagte mir, daß die nach Lugnagg bestimmten Schiffe vor einem Monath nicht abgehen könnten; es würde daher gewiß ein angenehmer Zeitvertreib für mich seyn, wenn ich unterdessen eine kleine Fahrt nach der Insel Glubbdubdrib machte, die ohngefähr fünf Meilen nach Süden zu liege. Er erbot sich mit noch einem Freunde, mich dahin zu begleiten, und wollte für eine bequeme Barke dahin sorgen.

Glubbdubdrib heißt, so gut als ich dies Wort verdollmetschen kann, die Insel der Zauberer. Sie ist ohngefähr dreimal so groß, als die Insel Wight, und außerordentlich fruchtbar. Sie wird von dem Haupte einer gewissen Kaste regiert, die aus lauter Zauberern besteht. Diese Kaste heirathet sich nur unter einander. Der Älteste des Stammes ist allezeit Statthalter. Er hat einen prächtigen Pallast und einen Park von drei tausend Aeckern im Umfange, der von einer zwanzig Fuß hohen Mauer umgeben wird, die aus lauter Quadersteinen besteht. In diesem Park sind wieder kleine umzäunte Abtheilungen für Vieh, Getraide und Gartengewächse.

Der Statthalter und seine Familie wird von gewissen Leuten auf eine etwas seltsame Art bedient. Durch seine Geschicklichkeit in der Zauberei kann er Todte herbeirufen, welche er will, und sie vier und zwanzig Stunden, aber nicht länger, in seinem Dienste behalten. Auch darf er die nämliche Person nicht eher als wieder nach drei Monaten, außer etwa bei außerordentlichen Gelegenheiten hervorrufen.

Als wir auf der Insel ankamen, welches ohngefähr um eilf Uhr morgens war, gieng einer von den Herren, so mich begleiteten, zu dem Statthalter, und bat um Erlaubniß einen bloß deshalb angekommenen Fremden seiner Hoheit vorstellen zu dürfen. Dies wurde sogleich bewilliget, und wir giengen durch zwei Reihen sehr altfränkisch gekleideter und bewaffneter Garden, die etwas schauderndes in ihren Blicken hatten, welches sich nicht gut beschreiben läßt, und mir die Haare empor streben machte. Wir giengen durch viele Gemächer zwischen zwei Reihen Bedienten von der nämlichen Art, die auf beiden Seiten stunden, bis wir in den Audienzsal gelangten, wo wir nach einer dreimaligen Verbeugung und einigen von uns beantworteten allgemeinen Fragen Erlaubniß erhielten, uns auf drei Stühle zunächst an der untersten Stufe des Thrones niederzulassen. Ihre Hoheit verstanden die Benibarbische Sprache, ob sie schon von derjenigen, die man auf der Insel spricht, sehr verschieden ist, und sagten zu mir, ich sollte Ihnen einige Nachricht von meinen Reisen geben. Um mir zu zeigen, daß sie mich freundschaftlich und nicht auf eine der steifen Hofetikette gemäße Art

behandeln wollten, hießen sie alle Bediente durch
einen Wink mit dem Finger sich entfernen, die
auch zu meinem Erstaunen augenblicklich, wie
ein Traum beim schnellen Erwachen, verschwanden. Ich konnte mich einige Zeit hindurch nicht
erhohlen, bis der Statthalter mich versicherte, daß
ich nichts zu fürchten hätte. Da ich nun sah, daß
meine Gesellschafter, denen das Schauspiel nichts
neues war, ganz unbekümmert waren, so faßte
ich Muth, und machte Ihrer Hoheit eine kurze
Erzählung von allen meinen Abentheuern, wobei ich aber stotterte, und oft hinter mir nach
dem Platze sah, wo ich jene Hausgespenster er-
blickt hatte. Ich hatte die Ehre, mit dem Statthalter zu speisen, und wir wurden von einem neuen
Haufen Geister, welche Speisen und Getränke
auf und wieder wegtrugen, bedient. Ich fühlte
jetzt schon weniger Herzensbangigkeit, als ich
am Morgen gefühlt hatte, und blieb bis zum
Abend, bat aber Ihre Hoheit unterthänigst mir
es nicht übel zu deuten, daß ich die Einladung
in dem Pallaste zu übernachten, nicht annähme,
begab mich daher mit meinen beiden Freunden
in ein Privathaus der nächst dabei gelegenen
Hauptstadt dieser Insel, und gieng am folgenden Morgen auf erhaltene gnädigste Einladung
wieder nach dem Pallast.

So

7. Kap. Der Verfasser reiset von Lagado ab.

So brachten wir zehn Tage auf dieser Insel zu, waren am Tage meistens bei dem Statthalter, und des Nachts in unserm Wirthshause. Ich wurde das Anblick der Geister, nachdem ich sie drei bis viermal gesehen hatte, so gewohnt, daß ich mich gar nicht mehr fürchtete, wenigstens wurde das Ueberbleibsel von Furcht, welches noch vorhanden zu seyn schien, von der Neugierde ganz überwogen. Der Statthalter sagte mir, ich könnte von allen Menschen, die jemals auf der Welt gelebt, so viel hervorrufen, als ich wollte, und ihnen befehlen, alle Fragen zu beantworten, die ich ihnen vorlegen würde. Doch müsten die Fragen sich auf die Zeit einschränken, wo diese Leute gelebt hätten, und ich könnte mich darauf verlassen, daß sie mir gewiß die Wahrheit sagen würden, weil Lügen in der Unterwelt ganz und gar zu nichts helfen könnten.

Ich stattete Ihrer Hoheit für eine so besondere Gnade den verbindlichsten Dank ab. Wir waren in einem Zimmer, wo wir eine schöne Aussicht in den Park hatten. Weil dadurch in mir ein Reiz erweckt worden war, mich an großen und herrlichen Auftritten zu ergötzen, so wünschte ich den großen Alexander an der Spitze seines Heeres gleich nach der Schlacht bei Arbela

Swift 6.Th.

zu sehen. Der Statthalter bewegte einen Finger, und augenblicklich stand auf dem weiten Felde vor dem Fenster, aus welchem wir sahen, diese Armee vor uns. Alexander wurde ins Zimmer hereingerufen. Ich hatte große Mühe sein Griechisch zu verstehen, und konnte selbst nur wenig reden. Er versicherte mich auf seine Ehre, daß er nicht vergiftet, sondern an einem von unmäßigem Saufen entstandenem Fieber gestorben wäre.

Hierauf sah ich den Hannibal, wie er über die Alpen zog, und er versicherte mich, daß er nicht einen Tropfen Weinessig in seinem Lager gehabt.

Ich sah den Cäsar und Pompejus, jeden an der Spitze seiner Armee, gerade in Bereitschaft das Treffen zu liefern, und den erstern in seinem letzten prächtigen Triumpfe. Ich wünschte den Römischen Senat in einem großen Zimmer, und nebenbei in einem andern eine ähnliche Versammlung von Volksrepräsentanten oder Landständen zu sehen. Der erste Senat schien eine Versammlung von Göttern und Halbgöttern zu seyn, die letztere Versammlung hingegen glich einem Haufen Hausirer, Gaudieben, Räubern, Menschenschindern und Prahlhänsen.

Der Statthalter gab auf mein Ersuchen dem Cäsar und Brutus ein Zeichen, näher zu kom-

7. Kap. Der Verfasser reiset von Lagado ab. 83

wen. Der Anblick des Brutus prägte mir tiefe Achtung ein. Die höchste Tugend, die größte Unerschrockenheit und Standhaftigkeit der Seele, ächte Vaterlandsliebe, und Wohlwollen gegen alle Menschen, Sinn für das allgemeine Beste leuchtete aus seiner ganzen Miene hervor. Ich bemerkte mit Vergnügen, daß beide Personen in gutem Vernehmen mit einander standen, und Cäsar gestand freimüthig, daß der Ruhm seiner größten Thaten dem Ruhme, welchen sich Brutus dadurch erworben, daß derselbe ihn ums Leben gebracht, sehr weit nachstände. Ich hatte die Ehre mich mit dem Brutus lange Zeit zu unterhalten, und er sagte mir, daß sein Vorfahr Junius Brutus, ferner Sokrates, Epaminondas, der jüngere Kato, Thomas Morus und er beständig beisammen wären. — Wahrlich ein Sextumvirat, zu welchem alle Weltalter den siebenten nicht haben setzen können.

Ich würde dem Leser beschwerlich zu fallen glauben, wenn ich die vielen berühmten Personen aus jedem Zeitalter des Alterthums, welche meine unersättliche Neugierde die Welt in allen diesen Zeitpunkten zu sehen, hervorrufen ließ, sämtlich anführen wollte. Ich weidete meine Augen an den großen Männern, welche Tyran-

hen und Usurpatoren unterdrückt, und unterdrückten geplagten Völkern die Freiheit wieder
gegeben hatten. Das Vergnügen, welches ich
darüber empfand, war zu groß, als daß ich
Worte in der Sprache finden könnte, um es
dem Leser zu beschreiben.

Achtes Kapitel.

Fernere Nachricht von Glubbubdrib. — Einige Verbesserungen in der alten und neuern Geschichte.

Begierig diejenigen Männer unter den Alten,
welche durch Witz und Gelehrsamkeit sich berühmt gemacht hatten, zu sehen, bestimmte ich
zu dieser Absicht einen besondern Tag. Ich
ließ den Homer und Aristoteles mit allen ihren
Kommentatoren vor mir erscheinen. Allein die
Zahl derselben war so groß, daß einige hundert
in dem Hofe und den Vorzimmern des Pallastes zurückbleiben mußten. Unter diesem Gedränge konnte ich indeß nicht nur jene beiden
Männer, sondern auch eines jeden Kommentatoren auf den ersten Blick erkennen und unterscheiden. Homer war der schlankere und schö-

nere, gieng für sein Alter sehr aufrecht, und
seine Augen waren so feurig und durchdringend,
als ich je eins gesehen. Aristoteles gieng ge-
brugt, und stützte sich auf einen Stab. Er
war mager, hatte lange und dünne Haare, und
eine keuchende Stimme. Ich sah bald, daß
beide die übrige Gesellschaft gar nicht kannten,
und von keinem weder etwas gesehn noch gehört
hätten. Ich hörte einen Geist, den ich nicht
nennen will, flüstern, daß diese Kommentatoren sich von ihren Prinzipalen aus Schaam sehr
weit entfernt hielten, weil sie sich bewust wären,
wie abscheulich sie den Sinn und die Meinung
der Schriftsteller verdreht und verunstaltet hätten. Ich stellte dem Homer den Didymus
und Eustathius vor, und bewog ihn, ihnen
etwas höflicher zu begegnen, als sie vielleicht
verdienten, denn er fand bald, daß sie nicht
Kopf genug gehabt hatten, in den Geist eines
Dichters, einzudringen. Aber Aristoteles verlohr über die Erzählung, die ich ihm vom Sko-
tus und Ramus, da ich sie ihm vorstellte,
machte, alle Geduld, und fragte mich, ob die
übrigen von dieser Zunft eben solche große Dunse
gewesen wären, als diese.

Ich bat hierauf den Statthalter, Descartes und Gassendi heraufzurufen, die ich dahin

vermochte, dem Aristoteles ihre Systeme zu erklären. Dieser große Philosoph gestand freimüthig, daß er sich in der Physik oft geirrt habe, weil er in vielen Dingen bloß auf Hypothesen gebauet hätte, wie Jedermann thun müßte; aber er glaubte, daß Gassendi, der Epikurs Lehre nach Vermögen aufgepuzt, und die Wirbel des Descartes kein besseres Schicksal verdienten, als seine eignen Irrthümer. Der Lehre von der Attraction, die jezt so eifrige Vertheidiger fände, würde es, wie er meinte, eben so ergehen. Mit den neuen Natursystemen verhielte es sich, wie mit den neuen Moden, sie veränderten sich zu allen Zeiten, und selbst diejenigen, die man für mathematisch erwiesen hielte, würden nur einen kurzen Zeitraum blühen, und, wenn dieser zu Ende gienge, ebenfalls aus der Mode seyn.

Fünf Tage unterhielt ich mich mit vielen andern berühmten und gelehrten Alten. Ich sah die meisten von den ersten Römischen Kaisern, und ersuchte den Statthalter, des Heliogabalus Köche herbeizurufen, um uns eine Mahlzeit zu zubereiten; allein sie konnten uns von ihrer Geschicklichkeit wenig zeigen, da es ihnen an Materialien fehlte. Ein Halote oder Sklave des Agesilaus machte uns ein spartanisches Mus,

8. Kap. Fernere Nachricht von Glubbdubdrib. 87

κυρου, ich aber den zweyten Löffel voll nicht hinunter bringen konnte.

Dringende Geschäfte nöthigten meine Begleiter, nach Verlauf von drei Tagen wieder abzureisen, und ich wendete diese Zeit dazu an, einige der neuern Todten zu sehen, die seit zwei bis dreihundert Jahren in meinem Vaterlande und in andern Ländern von Europa so große Rollen gespielt hatten. Da ich stets ein Bewunderer alter berühmter Familien gewesen war, so ersuchte ich den Statthalter, ein Paar Dutzend Könige mit ihren Ahnen bis ins achte oder neunte Glied heraufzurufen. Aber wie wurde meine Erwartung getäuscht und gekränkt! Statt einer langen Reihe königlicher Hauptzierden sah ich in einer Familie zwei Geiger, drei gepuzte Pagen, und einen italienischen Prälaten; in einer andern einen Barbier, einen Abt, und zwei Kardinäle. Ich habe eine gar zu große Achtung für gekrönte Häupter, um mich bei einer so kitzlichen Materie länger zu verweilen. Was aber Grafen, Marktsen, Freiherrn u. dergl. anbetrifft, so finde ich dabei nicht das mindeste Bedenken. Ich gestehe, daß ich wirklich ein kleines Vergnügen darüber empfand, mich im Stande zu sehen, den Grund der besondern Züge, wodurch sich gewisse Familien auszeichnen, bis

zu seinem ersten Ursprung nachgehen, und auf=
finden zu können. Ganz deutlich sah ich, war=
um in einer Familie lauter Spitzkinne, in einer
andern zwei Geschlechter hindurch lauter Tauge=
nichtse, und noch zwei Geschlechter lauter Nar=
ren, in einer dritten lauter Blödsinnige, und in
einer vierten lauter Beutelschneider gezeugt wor=
den, und woher es kam, was Polydor Vergil
von einem großen Hause sagt; nec vir fortis,
nec foemina cacta; wie Grausamkeit, Falsch=
heit und Feigheit eigenthümliche Merkmale ge=
wisser Familien werden, woran man sie aber so
sicher, als an ihren Wapenschilden unterscheiden
kann; wer die Venusseuche zuerst in eine edle
Familie gebracht, und wie sie sich in gerader
Linie durch bösartige Geschwüre auf ihre Nach=
kommen fortgepflanzt hat. Ueber alles dies
wunderte ich mich nicht mehr, als ich sah, daß
die Geschlechtsfolge dieser Häuser so oft durch
Pagen, Lackeien, Kutscher, Spieler, Geiger,
Schauspieler und Beutelschneider unterbrochen
worden war. Die neuere Geschichte machte mir
den meisten Ekel. Nachdem ich alle Personen,
die seit hundert Jahren her an fürstlichen und
königlichen Höfen in größtem Ruf gestanden,
examinirt hatte, so fand ich zu meinem Erstau=
nen, wie die Welt von nichtswerthen Schrift=
stellern betrogen worden, welche die größten He=

denthaten feigen Memmen, die weisesten Rathschläge Narren, Schmeichlern Aufrichtigkeit, Verräthern des Vaterlandes römische Tugend, Atheisten Frömmigkeit, Sodomitern Keuschheit, Verläumdern Wahrheit zugeschrieben haben. Ich sah, wie viele unschuldige und vortrefliche Leute durch die Kunstgriffe großer Minister und die Bosheit der Faktionen, von bestochenen Richtern zum Tod oder zur Verbannung verurtheilt, wie viele Schurken zu den wichtigsten Aemtern und Ehrenstellen erhoben worden, und welchen großen Antheil Kuppler, Hurer, Stutzer, Schmarotzer und Possenreißer an den Begebenheiten und Ereignissen bei den Höfen, an den Rathschlüssen der Gerichtshöfe und Staatsrathsversammlungen haben. Man kann sich also denken, welch eine üble Vorstellung ich von menschlicher Weisheit und Rechtschaffenheit erhielt, als ich die wahren Triebfedern großer Unternehmungen und Revoluzionen in der Welt, und die kleinen verächtlichen Zufälle, denen sie ihren Erfolg zu danken hatten, so ganz durchschaute.

Hier entdeckte ich die Schurkerei und Unwissenheit derjenigen, welche Anekboten oder geheime Nachrichten zu schreiben vorgaben, welche so manche Könige vergiftet ins Grab schicken, Unterredungen zwischen Fürsten und Ministern, wobei Niemand zugegen war, wörtlich wiederhohlen, die geheimsten Gedanken und Kabinette der Staatsbothschafter und Staatssekretaire aufschließen, und dabei beständig das Unglück haben, sich zu täuschen. Hier entdeckte ich die wahre Ursache so vieler großen Begebenheiten, welche die Welt in Erstaunen setzte; wie eine Hure die Hintertreppe, die Hintertreppe einen geheimen Rath, und der geheime Rath einen Senat regieren kann. Ein General gestand in meiner Gegenwart, daß er eine Schlacht einzig durch den Fehler und die Feigheit des Feindes gewonnen, und ein Admiral, daß er die feindliche Flotte geschlagen, weil er mit dem Feinde nicht gehörige Abrede hätte treffen können, indem er demselben seine Flotte durch Verrätherei hätte in die Hände spielen wollen. Drei Könige betheuerten, daß sie während ihrer ganzen Regierung keinen einzigen Mann von Verdienst befördert hätten, es müste dann aus Irrthum oder Betrug ihrer Minister, auf die sie sich verlassen hätten, geschehen seyn; auch würden sie es nicht thun, wenn sie wieder ins Leben zurückkehren sollten; denn sie bewiesen mit wichtigen Gründen, daß der königliche Thron nicht ohne Verderbniß der Sitten bestehen könnte, weil das feste, entschlossene, unbiegsame Wesen, welches die Tugend dem Menschen ein-

stöste, die Führung der öffentlichen Geschäffte
hinderte.

Ich war neugierig zu erfahren, auf was
für Art eine Menge Personen sich Ehrentitel ver-
schaft, und ungeheures Vermögen erworben hätten; und wählte hiezu einen neuern Zeitraum,
doch ohne unsere gegenwärtigen Zeiten zu berühren, weil ich auch selbst Fremde nicht gern beleidigen möchte, denn ich hoffe nicht nöthig zu haben, dem Leser zu sagen, daß ich bei dieser Gelegenheit mein Vaterland ganz und gar nicht im
Sinn habe. Es wurde eine große Anzahl solcher Leute hervorgerufen, und sie entdeckten auf
einige sehr geringe Fragen solch eine Reihe
Schandthaten, daß ich nicht ohne Betrübniß
daran denken kann. Meineid, Unterdrückung,
Verführung, Betrug, Kuppelei und dergleichen
Schwachheiten waren die ehrlichsten Künste, deren sie erwähnten, für die ich daher auch,
wie billig, große Nachsicht hatte. Als aber auch
einige gestanden, daß sie ihre Größe und ihre
Reichthümer der Sodomiterei, oder der freiwil-
ligen Aufopferung ihrer Weiber und Töchter an
Wollüstlinge, oder der Verrätherei, oder der
Giftmischerei, oder dem Verdrehen des Rechts
und der Unterdrückung der Unschuld verdankten,
dann wird man mir es hoffentlich verzeihen,
wenn diese Entdeckungen die Achtung, welche ich

von Kindesbeinen an gegen Personen von hohem Range zu fühlen pflegte; und die ihnen auch in Ansehung der erhabenen Stufe, auf welcher sie stehen, von den Niedrigern erwiesen werden muß, ein wenig verminderten.

Ich hatte oft von sehr großen Diensten, die diese und jene Personen ihrem Fürsten und Vaterlande erzeigt hätten, gelesen, und wünschte daher diese Personen zu sehen. Bei genauer Nachfrage erfuhr ich, daß man ihre Namen in keinem Register finden könnte, einige wenige ausgenommen, welche aber in der Geschichte als die schändlichsten Schurken und Verräther geschildert wurden. Von den übrigen konnte ich nichts erfahren. Sie erschienen alle mit niedergeschlagenen Augen, in der schlechtesten Kleidung, und die Meisten sagten, daß sie in Armuth und Elend, die übrigen aber am Galgen oder auf dem Schaffot ihr Leben geendigt hätten.

Unter andern sah ich Jemanden, dessen Schicksal ein wenig sonderbar zu seyn schien. An seiner Seite stand ein junger Mensch von achtzehn Jahren. Er sagte mir, daß er viele Jahre Befehlshaber eines Schiffs gewesen, und in der Schlacht bei Actium das Glück gehabt hätte, die feindliche Linie zu durchbrechen, drei

8. Kap Fernere Nachricht von Glubbubdrib. 93

Schiffe von der ersten Größe in Grund zu senken, und ein viertes zu nehmen, welches die einzige Ursache der Flucht des Antonius und des darauf erfolgten Sieges gewesen; der neben ihm stehende junge Mensch, sein einziger Sohn, habe in dieser Schlacht sein Leben verlohren; nach geendigtem Kriege wäre er, mit festem Vertrauen auf seine wenigen Verdienste, nach Rom gegangen und hätte am Hofe des Augustus um die Befehlshaberstelle eines größern Schiffs angehalten, dessen Kapitain in der Schlacht sein Leben verlohren. Allein ohne auf seine Ansprüche Rücksicht zu nehmen, hätte man diese Stelle einem Laffen gegeben, der nie aufs Meer gekommen, und der Sohn einer Freigelassenen gewesen wäre, die bei einer Mätresse des Kaisers als Kammerfrau dient. Nach der Rückkehr zu seinem Schiffe wäre er der Vernachläßigung seiner Pflicht beschuldiget, und sein Schiff dem Lieblingspagen des Viceadmirals Publikola gegeben worden, worauf er sich nach einem schlechten sehr weit von Rom entlegenen Landgütchen begeben, und da sein Leben geendigt hätte.

Ich war neugierig, mich von der Wahrheit dieser Geschichte zu überzeugen, und ließ den Agrippa rufen, der in dieser Schlacht als Admiral kommandirte. Er erschien und bestätigte die ganze Geschichte, und zwar zu noch weit größerer Ehre des Kapitains, dessen Bescheidenheit einen großen Theil seiner Verdienste verringert oder gar mit Stillschweigen übergangen hatte.

Ich erstaunte über das Verderben in jenem Reiche, welches durch den erst kurz vorher eingerissenen Luxus so schnell zu einer so gewaltigen Höhe gestiegen war; und ich wunderte mich jetzt weniger über ähnliche Fälle in Ländern, wo Laster von allen Arten viel länger geherrscht hatten, und wo man das Gute so wie das Böse jederzeit dem Regenten zur Last legte, der vielleicht nicht den mindesten Antheil weder an dem einen noch dem andern hatte.

Da jede hervorgerufene Person in der nämlichen äußerlichen Gestalt erschien, die sie in ihrem Leben gehabt, so hatte ich Gelegenheit die sehr traurige Bemerkung zu machen, wie sehr das menschliche Geschlecht seit einigen Jahrhunderten bei uns ausgeartet war, wie das venerische Gift unter seinen verschiedenen Arten und Benennungen die Gesichtszüge der Britten entstellte, die Menschen zu Zwergen machte, die Nerven und Muskeln schwächte und erschlaffte, das Blut und die ganze körperliche Masse verderbte.

Ich gieng so weit, daß ich wünschte, einige ehemalige Englische Bauern von altem Schlage zu sehen, die wegen der Einfachheit ihrer Sitten, ihrer Lebensweise, und ihrer Kleidung, durch die Redlichkeit in ihren Handlungen, durch ihren ächten Freiheitsgeist, durch ihre Tapferkeit und Vaterlandsliebe einst so sehr berühmt waren. Und ich wurde außerordentlich gerührt, als ich die Lebenden mit den Todten verglich, und erwog, wie alle diese angebohrnen Tugenden von ihren Nachkommen für ein Stück Geld geschändet wurden, die durch Verkaufung ihrer Stimmen bei den Parlementswahlen alle die Laster und verderbte Sitten sich angewöhnten, die man an Höfen nur finden kann.

Neuntes Kapitel.

Der Verfasser reiset nach Maldonada zurück; fährt mit einem Schiffe nach dem Königreiche Luganaga, wird in Verhaft gesetzt; und nach Hof geführt. Seine Aufnahme daselbst. Große Gnade, die ihm wiederfahren.

Der Tag unserer Abreise rückte heran. Ich nahm von ihrer Hoheit dem Statthalter Abschied, und kehrte mit meinen zwei Gesellschaftern nach Maldonada zurück, wo wir nach einem vierzehntägigen Warten ein Schiff trafen, das nach Lugnagg absegeln wolte. Meine zwei Gefährten und einige andere waren so großmüthig und gütig, mich mit allerlei Speise und gutem Getränke zu versorgen, und mich bis an Bord zu begleiten.

Ich war einen Monat auf dieser Reise. Wir hatten einen heftigen Sturm, und sahen uns genöthigt, westwärts zu steuern, um unter guten Landwind zu kommen, der das Meer wohl auf sechzig Meilen weit bestreicht. Den 21sten April 1708 segelten wir in den Fluß Klumegnig ein, an welchem südwestwärts von Lugnagg eine Stadt mit einem Seehafen liegt. Wir warfen eine Meile von der Stadt Anker, und gaben ein Zeichen, daß man uns einen Lotsen schicken möchte. In weniger als einer halben Stunde kamen zwei an unser Schiff, und führten uns zwischen sehr gefährlichen Sandbänken und Klippen hindurch, in einen geräumigen Hafen, wo eine Flotte sicher bis auf eines Ankertaues Länge von der Stadtmauer liegen konnte.

Einige von unsern Matrosen hatten entweder aus Treulosigkeit oder Verrätherei den Lotsen ge-

G. K. D. V. reiset nach Maldonada zurück. 97

gesagt, daß ich ein Fremder und sehr weit in der Welt herum gewesen sey. Diese gaben hievon dem Zollbeamten Nachricht, der ein sehr scharfes Examen mit mir bei meiner Landung anstellte. Der Zollbeamte sprach mit mir Balnibarbisch, welches die meisten Einwohner in der Stadt, wegen des starken Handels, vorzüglich aber die Seeleute und Zollbeamten sehr gut verstehen. Ich gab ihm eine kurze Nachricht von einigen mich betreffenden Sachen, und erzählte ihm meine Geschichte so einleuchtend und zusammenhängend als möglich, hielt es aber doch für nöthig, mein Vaterland zu verhehlen, und mich für einen Holländer auszugeben, weil meine Absicht war, nach Japan zu reisen, und die Holländer, wie ich wuste, die einzigen Europäer waren, denen der Eingang in dies Land erlaubt war. Ich sagte daher zu dem Beamten, daß ich an der Küste von Balnibarbi Schiffbruch gelitten, und an einen Felsen verschlagen worden wäre, worauf man mich in Laputa, der fliegenden Insel, von der er wohl gehört haben würde, aufgenommen hätte. Jetzt suchte ich Japan zu erreichen, um da Gelegenheit zu finden, wieder in mein Vaterland zurückkehren zu können. Der Beamte sagte, ich müste einstweilen in Verhaft bleiben, bis er vom Hofe weitern Befehl erhielte, wohin er sogleich Bericht erstatten wollte, und er hoffe in vierzehn Tagen Antwort zu erhalten. Man führte mich in ein ganz bequemes Zimmer, und stellte eine Wache vor die Thür; doch hatte ich die Freiheit, in einem großen Garten spatzieren zu gehen, wurde sehr artig behandelt, und auf königliche Kosten unterhalten. Verschiedene Personen besuchten mich, vorzüglich aus Neugierde, weil man ausgestreuet hatte, daß ich aus entfernten Gegenden käme, von denen man noch niemals etwas gehört hätte.

Einen jungen Mann, der in dem nämlichen Schiffe mit mir angekommen war, nahm ich zu meinem Dollmetscher an. Er war ein gebohrner Lugnagger, war einige Jahre in Maldonada gewesen, und beider Sprachen vollkommen mächtig. Durch seinen Beistand konnte ich mich mit denen, die mich besuchten, unterhalten. Die ganze Unterredung bestand aber in Fragen, die sie an mich thaten, und in meinen Antworten.

Der Hofbescheid kam um die Zeit an, um die wir ihn erwarteten. Er enthielt einen Befehl, mich mit meinem Gefolge nach Traldragdrubb oder Trildregdrib, (denn dies Wort wird, so viel ich mich erinnern kann, auf beiderlei

Art ausgesprochen) unter einer Bedeckung von zehn Mann Kavallerie zu führen. Mein ganzes Gefolge bestand in dem armen jungen Menschen, meinem Dollmetscher, den ich beredete, ganz in meine Dienste zu treten. Auf mein unterthäniges Bitten erhielten wir die Erlaubniß, auf Mauleseln zu reiten. Eine halbe Tagereise schickten wir einen Boten voraus, der dem König von unserer Ankunft Nachricht geben, und Ihre Majestät ersuchen sollte, uns Tag und Stunde zu bestimmen, wenn Höchstdieselben geruhen würden, die Gnade zu ertheilen, daß ich die Ehre haben könnte, den Staub von Höchstdero Fußschemel zu lecken. So war der Hofstyl, ich fand aber bald, daß dieser Ausdruck mehr als bloße Redensart war. Denn zwei Tage nach meiner Ankunft befahl man mir, bei meiner Audienz mich auf den Bauch zu werfen, und den Boden, so weit ich kröche, abzulecken. Weil ich ein Fremder war, so war man so gütig gewesen, den Boden sorgfältig zu reinigen, daß der Staub nicht sehr beschwerlich sei. Dies war eine Gnade, die nur Personen vom höchsten Range geschah, wenn sie zu einer Audienz gelangten. Ja zuweilen bestreut man den Boden absichtlich mit Staub, wenn der, welcher zur Audienz gelangt, mächtige Feinbe am Hofe hat. Ich habe einen großen Herren gesehen, der den Mund, als er bis zum Throne fortgekrochen war, so voll Staub hatte, daß er kein Wort hervorbringen konnte. Es giebt auch kein Mittel dagegen, weil es ein Hauptverbrechen ist, das mit dem Leben bestraft wird, wenn Jemand in Gegenwart des Königs ausspuckt oder sich wischt: Es ist hier auch noch eine andre Gewohnheit eingeführt, die ich auf keine Weise billigen kann. Wenn nämlich der König Lust hat, einen von seinen Großen auf eine sanfte und gnädige Art aus der Welt zu schaffen, so läßt er den Boden mit einem gewissen braunen vergifteten Pulver bestreuen, welches den, welcher davon leckt, binnen vier und zwanzig Stunden in die andre Welt schickt: Doch um der großen Güte und der Sorgfalt, die dieser Monarch für das Leben seiner Unterthanen hat, (möchten doch viele Europäische Monarchen ihm hierin gleichen!) Gerechtigkeit wiederfahren zu lassen, so muß ich zu seinem Ruhm gestehen, daß er allezeit die schärfsten Befehle ertheilt, den vergifteten Boden nach einer solchen Exekution gehörig rein zu waschen, und derjenige, der dies Geschäft vernachlässigte, ist in Gefahr, sich Ihrer Majestät höchste Ungnade zuzuziehen. Ich selbst hörte ihn einmal den Befehl ertheilen, einen Pagen, an welchem die Reihe war, daß er für das reine Abwaschen des Fußbodens sorgen sollte; es aber aus Bosheit unterlassen hatte, wodurch ein zur Audienz gelassener hofnungsvoller junger Herr unglücklicher Weise ums Leben kam, derb zu prügeln; obgleich dieser gute Fürst so gnädig war, dem Pagen auf sein Angelöbniß, daß er ohne ausdrücklichen Befehl dergleichen sich nicht mehr unterstehen wollte, die Strafe zu erlassen.

Was mich nun betrifft, so kroch ich bis auf ohngefähr vier Schritt weit vom Throne, sank sanft auf meine Knie, berührete mit meiner Stirn siebenmal den Boden, und sprach folgende Worte aus, so wie sie mir Abends vorher waren vorgesagt worden. Ickpling glofftdrohb squut serum blhion Mlaschnalt zwin tuodhulkusch Sthiophad Gundlubb äscht. Dies ist das Kompliment, welches zufolge der Landesgesetze alle Personen, die zur Audienz gelassen werden, dem König machen müssen, und in der Uebersetzung ohngefähr so lautet. Mögen Ihre Himmlische Majestät die Sonne eilf und einen halben Monat überleben. Der König antwortete etwas, das ich zwar nicht verstand, worauf ich aber doch, wie man mir gelehrt hatte, erwiderte, Fluft drin Yalerick Dionldom praestard mirpusch, welches so viel bedeutet, als meine Zunge ist in dem Munde meines Freundes, wodurch ich zu verstehen gab, ich wünschte, daß mein Dolmetscher vorgelassen würde. Der junge Mensch wurde sogleich vorgeführt, und mit seiner Hülfe beantwortete ich viele Fragen, die Ihre Majestät über eine ganze Stunde hindurch an mich zu thun geruheten. Ich sprach Balnibarbisch und mein Dollmetscher übersetzte meine Gedanken ins Lugnaggsche.

Der König fand sehr viel Vergnügen an meiner Gesellschaft, und befahl seinem Blissmarklub oder ersten Kammerherrn mir und meinem Dollmetscher eine Wohnung anzuweisen, für unsere Tafel zu sorgen, und mir zu meinen täglichen Ausgaben eine gute Goldbörse zustellen zu lassen.

Ich blieb drei Monate in diesem Lande, und zwar nur aus Gehorsam gegen Ihre Majestät, welche mir sehr viel Gnade zu erzeigen geruheten, und sehr vortheilhafte Anerbietungen machten. Allein ich hielt es für klüger und billiger, die übrigen Tage meines Lebens bei meiner Frau und Kindern zuzubringen.

Zehntes Kapitel.

Lob der Lugnagger. Umständliche Beschreibung der Struldbrugs. Verschiedene Unterredungen, die der Verfasser über diesen Gegenstand und einigen vornehmen Personen geführt hat.

Die Lugnagger sind ein feines und edles Volk, und ob sie gleich vom Stolze, der allen orientalischen Völkern eigen ist, nicht völlig frei sind; so sind sie doch gegen Fremde, vorzüglich gegen die, welche vom Hofe begünstigt werden, äußerst artig und höflich. Ich hatte mit den gebildetsten Leuten Umgang, und unsere Unterhaltungen waren, da ich beständig meinen Dollmetscher bei mir hatte, nicht unangenehm.

Einst fragte mich ein sehr angesehener Mann, da ich eben in guter Gesellschaft war, ob ich schon ihre Struldbrugs oder Unsterblichen gesehen hätte. Ich antwortete, Nein; und bat ihn, mir zu erklären, in welchem Verstande er dies Wort nähme, und es einem sterblichen Geschöpfe beilege? Er erzählte mir alsdann, daß zuweilen, obgleich selten, Kinder mit einem rothen zirkelförmigen Flecken an der Stirne gerade über der linken Augenbraune gebohren würden, und daß dies ein untrügliches Zeichen ihrer Unsterblichkeit sey, der Fleck habe beinah die Größe des Nagels am kleinen Finger, werde aber mit der Zeit größer und verändere die Farbe. Vom zwölften bis zum fünf und zwanzigsten Jahre sey er grün, würde dann dunkelblau, im fünf und vierzigsten kohlschwarz, und erhielte die Größe von beinah einem halben Gulden, veränbere sich alsdann nicht mehr. Er sagte, diese Geburten wären so selten, daß im ganzen Königreiche nicht über eilfhundert Struldbrugs beiderlei Geschlechts wären, ohne etwa funfzig, welche noch in der Hauptstadt seyn könnten, worunter ein junges Mädchen, das vor drei Jahren gebohren worden. Diese Geschöpfe wären auch nicht einer besondern Familie eigen, sondern bloßer Zufall, und selbst die Kinder der Struldbrugs wären eben sowohl sterblich wie alle übrigen Menschen.

Diese Erzählung, ich gesteh'es, wirkte auf mich auf eine sehr angenehme Art. Und da der Mann, welcher mir dies erzählte, balnibarbisch verstand, so konnt' ich mich nicht enthalten in vielleicht zu schwärmerische Ausdrücke auszubrechen. „Glückliches Volk," rief ich voll Entzückung aus, „wo jedes Kind wenigstens die Möglichkeit vor sich hat, unsterblich gebohren zu werden! Glückliches Volk, das so viele lebendige Beispiele alter Tugenden, so viele Lehrer besitzt, um dich in der Weisheit verflossener Jahrhunderte zu unterrichten! Und ihr vor allen andern und ohne allen Vergleich glücklichen Struldbrugs, die ihr von eurer Geburt an von dem allgemeinen Uebel der menschlichen Natur befreiet seyd, und sorgenlos, unbekümmert nie von der unaufhörlichen Furcht des Todes niedergedrückt und gequälet werdet!

Ich gab nun meine Verwunderung zu erkennen, daß ich noch nie einen von diesen vortrefflichen Personen am Hofe gesehen, da der schwarze Fleck an der Stirne ein so auszeichnendes Merkmal sey, welches ich nicht leicht hätte übersehen können, und ich könnte nicht begreifen, warum ein so weiser Fürst, als Ihre Majestät nicht beständig eine Anzahl solcher weiser und geschickter Rathgeber um sich hätte. Doch vielleicht ist die Tugend dieser ehrwürdigen Weisen, fuhr ich fort, zu streng für die verderbten und zu freien Sitten des Hofes. Die Erfahrung lehrt, daß junge Leute viel zu hartnäckig und flüchtig sind, um sich durch die klugen Rathschläge alter Männer leiten zu lassen. Gleichwohl wäre ich, da Ihre Majeſtät mir freien Zutritt zu ihrer hohen Perſon erlaubten, entſchloſſen, mit erſter Gelegenheit denenſelben mit Hülfe meines Dollmetſchers freimüthig und umſtändlich meine Meinung zu ſagen. Ihre Majeſtät möchten nun meinen Rath befolgen oder nicht, ſo würde ich das gnädige Anerbieten Derſelben, mich in Ihren Staaten zu verſorgen, mit größtem Danke annehmen, und mein Leben in Geſellſchaft dieſer höhern Weſen, der **Struldbrugs**, wenn dieſe mich unter ſich dulden wollten, beſchließen.

Der Herr, zu dem ich dies ſagte, verſtand, wie ich ſchon erwähnt habe, balnibarbiſch, und erwiederte mit einem Lächeln, das gewöhnlich aus Mitleiden gegen einen Unwiſſenden entſteht: „Er freuete ſich, daß ſich eine Veranlaſſung gefunden habe, die mich beſtimmen könnte, bei ihnen zu bleiben, und er bäte mich, ihm zu erlauben der Geſellſchaft den Inhalt meiner Aeußerung vorzutragen. Er that es auch ſogleich, und die Geſellſchaft ſprach einige Zeit miteinander in ihrer Sprache, wovon ich nicht eine Sylbe verſtand, und auch an ihren Mienen nicht erkennen konnte, welchen Eindruck meine Rede auf ſie gemacht hatte. Nach einer kurzen Pauſe ſagte mir der nämliche Herr, daß ſeine und meine Freunde, (wie er ſich auszudrücken beliebte) über die scharfsinnigen Bemerkungen, welche ich über die Vortheile eines unsterblichen Lebens gemacht hätte, äußerst zufrieden wären, und sie wünschten, umständlich von mir zu erfahren, was für einen Plan meines künftigen Lebens ich mir würde entworfen haben, wenn ich das Glück gehabt hätte, in Struldbrug gebohren zu seyn.

Ich erwiederte, daß es nicht schwer sey über einen so reichhaltigen und angenehmen Gegenstand mit Beredsamkeit reden zu können, zumal da ich mich öfters mit Fantasien belustiget, was ich wohl thun würde, wenn ich König, Fürst oder ein großer Herr wäre. So hätte ich mich auch oft damit beschäftiget, und mir einen Plan entworfen, was ich thun, und wie ich meine Zeit zubringen würde, wenn ich gewiß wüste, daß ich nie sterben würde.

Hätte mich das Schicksal als Struldbrug lassen gebohren werden, so würde ich, sobald ich durch Vergleichung des Unterschieds zwischen Leben und Tod den Werth meines Glücks zu empfinden fähig gewesen wäre, mir alle mögliche Mühe gegeben haben, Reichthümer zu erwerben, daß ich folglich durch Fleiß und Sparsamkeit in einem Zeitraum von zweihundert Jahren, der reichste Mann im Königreiche zu werden, hätte hoffen können. Zweitens würde ich von meiner frühesten Jugend an mich mit vorzüglichem Eifer den Wissenschaften und Künsten gewidmet haben, daß ich in der Folge der Zeit alle übrigen Menschen an Gelehrsamkeit übertroffen hätte. Endlich hätte ich jede wichtige Handlung und Begebenheit aufgezeichnet, die Karaktere der verschiedenen auf einander folgenden Fürsten, und großen Staatsminister unpartheiisch entworfen, über alles noch meine eignen Bemerkungen gemacht, und die Veränderungen in den Sitten, in der Sprache, den Moden, der Lebensweise im Essen und Trinken und in den öffentlichen Belustigungen genau aufgesetzt. Auf diese Weise hätte ich mir einen Schatz von Weisheit und Kenntniß erworben, der mich würde zum Orakel der ganzen Nation gemacht haben.

Nach meinem sechzigsten Jahre hätte ich nicht mehr geheirathet, stets auf eine gastfreundschaftliche Art gelebt, doch ohne dabei meinen Vermögensumständen zu schaden. In einem solchen Alter würde ich mich damit beschäftigen, hoffnungsvolle junge Leute zu bilden und zu leiten, und sie durch meine Erfahrungen und Beobachtungen, die ich durch zahlreiche Beispiele bestätigen könnte, von den Vortheilen der Tugend sowohl in Staats- als in bürgerlichen Angelegenheiten zu überzeugen. Zu gewöhnlichen Gesellschaftern würde ich mir aber einige von meinen unsterblichen Brüdern, und unter diesen ein Dutzend von den ältesten an bis auf meine Zeitgenossen auslesen. Mangelte es einigen an Vermögen, so würde ich ihnen auf meinen Landgüthern eine bequeme Wohnung anweisen, würde beständig einige an meinem Tische haben, und auch manchen von den Sterblichen einladen. Die Länge der Zeit würde mich allmählig abhärten, den Verlust derselben ohne Schmerzen zu ertragen, und die folgende Nachkommenschaft würde ich auf die nämliche Art behandeln, eben so wie sich ein Mann an den jährlichen Aufschuß von Nelken und Tulpen seines Gartens vergnügt, ohne den Verlust derjenigen zu bedauren, die im vorigen Jahre verwelkten.

Wir Struldbrugs würden uns wechselseitig unsere Beobachtungen und Tagebücher, die wir im Laufe der Zeiten gemacht und niedergeschrieben hätten, einander mittheilen, würden uns die verschiedenen Abstufungen, wie sich die Welt nach und nach verschlimmert, genau anmerken, und dem Fortgange der Verderbniß durch Warnung und Unterricht Schranken setzen. Würden wir diesen unseren Lehren durch unser eigen Beispiel noch ein starkes Gewicht verschaffen, so müste der zunehmenden Ausartung der menschlichen Natur, worüber man in allen Jahrhunderten die gerechtesten Klagen führt, dadurch wahrscheinlich Einhalt geschehen.

Zu allen diesem rechne man nun noch das Vergnügen, welches aus dem Anblick der Revolutionen in großen Staaten und Reichen, und der Veränderungen auf der Erde und am Himmel entspringt. Welch ein Schauspiel, zu sehen, wie alte Städte in Trümmern da liegen, und unbekannte Flecken zu königlichen Sitzen sich erheben! wie berühmte Flüsse zu kleinen Bächen verschwinden, das Meer sich von dieser Küste zurückzieht, und andere Küsten überschwemmt, wie unbekannte Länder entdeckt werden, gesittete Nationen in wilde Barbarei versinken, und wilde Völker sich zu gesitteten erheben. Ich würde endlich noch sehen, wie die Meereslänge, das Perpetuum mobile, die Universalarznei und viele andere Erfindungen dieser Art zu der äußersten Vollkommenheit gebracht würden.

Was für bewundernswürdige Entdeckungen würden wir in der Astronomie machen, wenn wir unsere Vorhersagungen überlebten, den Lauf und die periodische Wiederkunft der Kometen, nebst den Veränderungen in den Bewegungen der Sonne, des Mondes und der Sterne beobachteten!

10. Kap. Lob der Lugnagger.

Mein Mund ergoß sich in strömender Beredsamkeit über noch manche Gegenstände, indem der natürliche Wunsch eines unsterblichen und glückseligen irdischen Lebens hinlänglichen Stoff verschaffte. Als ich mit meiner Rede zu Ende war, und der Inhalt derselben, wie vorhin, der übrigen Gesellschaft erklärt wurde, entstand ein Gespräch in ihrer Sprache, wobei man auf meine Unkosten ziemlich lachte. Endlich sagte der nämliche Herr, der mein Dollmetscher war, zu mir, die Gesellschaft hätte ihm aufgetragen, mich aus dem Irrthum, worin die allgemeine Schwachheit der menschlichen Natur mich hätte fallen lassen, und die in dieser Hinsicht auch sehr verzeihlich wäre, heraus zu helfen. Das Geschlecht der Struldbrugs sey ihrem Lande eigenthümlich, denn es gäbe dergleichen weder in Balnibarbi noch in Japan, wo er die Ehre gehabt hätte, Gesandter zu seyn, und die Einwohner in diesen beiden Reichen hätten gar nicht glauben wollen, daß so etwas möglich sey. Das Erstaunen, welches ich bei seiner Erzählung hätte blicken lassen, wäre ebenfalls ein Beweis, daß mir diese Sache ganz etwas neues gewesen, und mir fast unglaublich geschienen hätte. In den beiden obgedachten Königreichen habe er während seines dortigen Aufenthaltes häufig die Bemerkung gemacht, daß langes Leben das Ziel der Wünsche aller Menschen gewesen sey. Wer mit einem Fuße im Grabe stünde, zöge gewiß den andern aus allen Kräften an sich. Auch der älteste hoffte immer, noch einen Tag länger zu leben, betrachtete den Tod als das höchste Uebel, welchem zu entgehen die Natur ihm beständig triebe. Nur in dieser Insel Lugnagg sey die Liebe zum langen Leben nicht so groß, weil man an den Struldbrugs ein immerwährendes Beispiel vor Augen habe.

Der Plan, den ich mir zu meinem künftigen Leben entworfen, sey ungegründet und unrichtig, weil er ein immerwährend blühendes Alter, beständige Gesundheit und Kraft voraussetze, welches alles aber kein vernünftiger Mensch je hoffen, noch auch zu wünschen je sich einfallen lassen könnte. Die Frage sey also hier nicht, ob ein Mensch nicht wünschen sollte, in der vollen Kraft einer blühenden Jugend ein ewig glückliches irdisches Leben zu führen, sondern wie er ein beständig fortdauerndes Leben zubringen wollte, welches allen Schwachheiten, die dem gewöhnlichen Alter des Menschen gemein sind, unterworfen sey. Ob nun gleich wenige Menschen gestehen würden, daß sie unter so schweren Bedingungen unsterblich seyn wollten, so habe

10. Kap. Lob der Lugnagger.

er doch in den beiden obgedachten Reichen Balnibarbi und Japan die Bemerkung gemacht, daß Jeder gewünscht hätte, den Tod, wenn derselbe auch noch so spät gekommen, auf einige Zeit zu entfernen. Sehr selten habe er gehört, daß Jemand, wenn nicht höchstes Elend oder Schmerz ihn dazu gereizt, willig gestorben wäre. Er berufe sich hiebei auf mich, ob ich nicht in allen Ländern, durch die ich gereiset, so wie in meinem Vaterlande, ähnliche Denkart angetroffen hätte.

Nach dieser Vorrede machte er mir eine umständliche Beschreibung von den Struldbrugs. Bis in ihr dreißigstes Jahr, sagte er, sind sie ganz so wie andre Menschen. Aber von dieser Zeit an werden sie nach und nach schwermüthig und niedergeschlagen, und dies nimmt beständig zu, bis sie ihr achtzigstes Jahr erreichen. Dies wüßte er aus ihrem eignen Geständnisse. Denn da in einem Jahrhunderte gewöhnlich nur zwei, höchstens drei Struldbrugs gebohren würden, so wären diese zu wenig, um von ihnen einen allgemeinen Schluß auf alle zu machen. Wenn sie das achtzigste Jahr erreichten, welches in diesem Lande für das höchste Alter gehalten würde, so hätten sie nicht nur alle Thorheiten und Schwachheiten anderer alten Menschen, sondern noch viele andere mehr, die aus der furchtbaren Aussicht, niemals zu sterben, entsprangen. Sie wären nicht nur hartnäckig, eigensinnig, gätzig, mürrisch, eitel und schwatzhaft, sondern auch zu aller Freundschaft und natürlichen Liebe unfähig, die sich bei ihnen nie weiter als bis auf ihre Enkel erstreckte. Neid, und unmöglich zu erreichende Wünsche wären ihre herrschenden Leidenschaften. Die vorzüglichsten Gegenstände ihres Neides wären die Fehler der Jugend und der Tod der Alten. „Sehen sie jene," fuhr er fort: „so thut es ihnen weh, daß alle Freuden derselben für sie durchaus ungenießbar sind. Werden sie eine Leiche gewahr, so jammern und wehklagen sie, daß andere eine Ruhestätte erreichen, wohin sie nie zu gelangen hoffen dürfen. Sie erinnern sich keiner andern Sache, als die sie in ihrer Jugend und in ihrem männlichen Alter gelernt und bemerkt haben, und auch diese wissen sie nur unvollkommen. In Ansehung der Gewißheit und der besondern Umstände einer Begebenheit kann man sich weit eher auf die gemeine Sage, als auf die besten Angaben ihres Gedächtnisses verlassen. Diejenigen unter ihnen scheinen am wenigsten elend zu seyn, welche anfangen kindisch zu werden, und ganz ihr Gedächtniß verliehren.

oder. Diese finden weit mehr Mitleiden und Hülfe, weil sie manche schlimme Eigenschaft, die an andere im Ueberflusse vorhanden sind, nicht haben.

Ereignet es sich, daß ein Struldbrug eine Person von seiner Art heirathet, so wird die Heirath kraft der Reichsgesetze aufgehoben, sobald der jüngere Theil von beiden das achtzigste Jahr erreicht hat. Unsere Gesetze halten es für unbillig, daß die, welche ohne ihre Schuld zu einem ewigen Daseyn in dieser Welt verdammt sind, noch durch die Last einer unsterblichen Frau doppelt unglücklich seyn sollten.

Sobald sie über achtzig sind, so halten die Gesetze sie für todte Leute. Ihre Erben setzen sich in den Besitz ihrer Güter bis auf einen kleinen Ueberrest, der zu ihrem Unterhalt bestimmt ist. Die Armen werden auf gemeinsame Kosten des Staats versorgt. Nach dieser Zeit werden sie aller öffentlichen Geschäfte unfähig erklärt; sie können weder Güter kaufen, noch in Pacht nehmen, weder in bürgerlichen noch in kriminalen Fällen, auch nicht einmal in bloßen Grenzstreitigkeiten, als Zeugen auftreten.

Im neunzigsten verliehren sie ihre Zähne und ihre Haare, haben keinen Geschmack mehr, essen und trinken, was ihnen vorkommt, ohne Lust und Appetit. Die Krankheiten, denen sie unterworfen sind, bleiben immer die nämlichen, ohne sich zu vermehren oder zu vermindern. Wenn sie reden, so vergessen sie die Namen der bekanntesten Dinge, ja selbst ihrer nächsten Freunde und Verwandten. Aus gleichem Grunde können sie auch kein Vergnügen am Bücherlesen finden, weil die Schwäche ihres Gedächtnisses so groß ist, daß sie den Anfang eines Satzes vergessen haben, wenn sie am Ende desselben sind. Diese Schwachheit beraubt sie also auch noch der einzigen Unterhaltung, deren sie noch fähig seyn könnten.

Da die Landessprache beständigen Veränderungen unterworfen ist, so verstehen die Struldbrugs, die ein Paar Jahrhunderte von einander entfernt sind, sich einander nicht. Wenn sie zweihundert Jahr alt geworden sind, so sind sie nicht im Stande, sich mit irgend einem andern sterblichen Menschen in ein Gespräch einzulassen. Auf diese Art haben sie noch das Unglück in ihrem eignen Vaterlande, wie Fremde leben zu müssen.

So war die Erzählung beschaffen, welche mir dieser Herr von den Struldbrugs machte, so viel ich mich noch davon erinnern kann. Nachher sah ich selbst fünf bis sechs derselben von verschiedenem Alter. Der jüngste davon war nicht über zweihundert Jahr alt. Ob man ihnen gleich sagte, daß ich ein Fremder sey, und große Reisen durch die ganze Welt gemacht hatte, so bezeigten sie doch nicht die mindeste Neugierde auch nur eine Frage an mich zu thun, sondern baten mich nur Ihnen Slumskudask oder ein Andenken zu geben; welches eine Art von höflichem Betteln ist, dessen sie sich bedienen, um dem Gesetze auszuweichen, welches das Betteln durchaus verbietet, weil sie auf gemeine Kosten, obgleich sehr knapp unterhalten werden. Sie werden von allen verachtet und verhaßt. Wenn ein Struldbrug gebohren wird, so hält man es für eine böse Vorbedeutung, und der Tag seiner Geburt wird in den Jahrbüchern aufgezeichnet; daß, wer Lust hat, ihr Alter zu wissen, nur in den Registern derselben nachschlagen darf. Diese Bücher gehen aber nur bis auf tausend Jahr zurück, indem die ältern vermuthlich durch die Länge der Zeit oder in öffentlichen Unruhen verlohren gegangen sind. Die gewöhnlichste Art ihr Alter zu erfahren ist, wenn man sie um die Namen der Könige oder berühmter Personen fragt, deren sie sich erinnern können, und denn die in der Geschichte nachschlägt. Denn unfehlbar hat der letzte Fürst, dessen sie sich erinnern, die Regierung angetreten, ehe sie noch achtzig Jahr alt geworden sind.

Elendere Gestalten als die Struldbrugs habe ich in meinem Leben nicht gesehen; doch sind die Weiber noch ungleich häßlicher, als die Männer. Außer der ihrem Alter gewöhnlichen Häßlichkeit, bekommen sie nach Verhältniß der Zahl ihrer Jahre eine so ekelhafte Gestalt, deren Widrigkeit sich gar nicht beschreiben läßt; und ich konnte unter einem halben Dutzend genau die älteste unterscheiden, obgleich die älteste nicht viel über zweihundert Jahr alt war.

Aus diesem allen, was ich sah und hörte, verminderte sich meine Sehnsucht nach irdischer Unsterblichkeit, wie der Leser leicht denken kann, gar sehr. Ich schämte mich herzlich der schmeichelnden Träumereien, in denen ich mich gewiegt hatte, und ich würde die schmerzhafteste Todesart, welche ein Tyrann erfinden könnte, lieber als ein solches Leben wählen. Der König, welcher alles, was zwischen mir und meinen Freunden über diesen Gegenstand gesprochen war, erfuhr, scherzte deshalb mit mir. Er wünschte, ich möchte ein Paar Struldbrugs in mein Vaterland mitnähmen, um meine Landsleute gegen die Furcht des Todes zu waffnen. — Allein es scheint, als wenn dies durch Reichsgrundgesetze verboten ist, sonst würde ich sehr gern mich der Mühe und Kosten unterzogen haben, einige in mein Vaterland mitzunehmen.

Ich muß gestehen, daß die Reichsgesetze in Ansehung der Struldbrugs, auf den stärksten Gründen beruhen, und so beschaffen sind, daß in jedem andern Lande unter gleichen Umständen die nämlichen Gesetze gemacht werden müßten. Denn da der Geitz eine nothwendige Folge des höhern Alters ist, so würden jene Struldbrugs zuletzt die Besitzer des Eigenthums der ganzen Nation werden, und sich aller Regierungsgewalt bemächtigen, woraus, wegen ihres Mangels an Geschicklichkeit nichts als der gänzliche Umsturz der Staatsverfassung erfolgen würde.

Eilftes Kapitel.

Der Verfasser verläßt Lugnagg, und segelt nach Japan; reiset von da auf einem holländischen Schiffe nach Amsterdam und von Amsterdam nach England.

Ich glaube diese Nachricht von den Struldbrugs wird dem Leser nicht unangenehm seyn, da sie etwas ganz ungewöhnliches zu enthalten scheint. Wenigstens kann ich mich nicht erinnern, in irgend einer Reisebeschreibung etwas ähnliches gelesen zu haben. Irre ich mich, so glaube ich doch hinlängliche Entschuldigung zu verdienen, weil es nicht nur natürlich, sondern auch nothwendig ist, daß Reisende, die ein und das nämliche Land beschreiben, sich bei einerlei Gegenständen verweilen, ohne den Vorwurf zu verdienen, von ihrem Vorgänger etwas entlehnt, oder ihn ausgeschrieben zu haben.

Es ist zwischen Lugnagg und dem großen Kaiserthum Japan ein ununterbrochener Handel, und vermuthlich haben Japanische Schriftsteller wohl auch einige Nachrichten von den Struldbrugs gegeben: allein ich habe mich in Japan zu kurze Zeit aufgehalten, und ich verstand von der Japanischen Sprache so sehr wenig, daß ich nicht im Stande war, einige Untersuchungen deshalb anzustellen. Ich hoffe aber, die Holländer werden, durch diese Nachricht gereizt, neugierig genug seyn, das Fehlende zu ergänzen, wozu sie am besten die Gelegenheit haben.

Ihre Majestät ließen mir verschiedenemale Anträge machen, eine Bedienung an ihrem Hofe anzunehmen; da sie mich aber fest entschlossen fanden, nach meinem Vaterlande zurückzukehren, so ertheilten Dieselben mir die Erlaubniß abzureisen, und beehrten mich mit einem eigenhändigen Empfehlungsschreiben an den Kaiser von Japan. Er machte mir auch vier hundert vier und vierzig große Goldstücke — denn diese Nation liebt die geraden Zahlen — und einen Rubin zum Geschenke, den ich in England für eilfhundert Pfund verkaufte.

Den sechsten May 1709 nahm ich von Ihrer Majestät und allen meinen Freunden feierlich Abschied. Dieser Fürst war so gnädig, daß er mir bis nach Glanguenstald, einem königlichen Seehafen an der südwestlichen Küste der Insel, eine Garde zur Bedeckung mitgab. Nach sechs Tagen fand ich ein segelfertiges Schiff, auf welchem ich in funfzehn Tagen nach Japan fuhr. Wir landeten zu Xamoschi, einer an der südöstlichen Küste liegenden Seestadt. Die Stadt liegt auf der westlichen Spitze, wo man nordwärts durch eine enge Straße in einen langen Seearm kommt, an dessen Nordwestseite Yedo die Hauptstadt liegt. Als ich ans Land stieg, überreichte ich dem Zollbeamten das Schreiben von dem König zu Lugnagg an Ihre kaiserliche Majestät. Er erkannte das Siegel, welches so groß, wie die Fläche meiner Hand war, und einen König vorstellte, der einen lahmen Bettler von der Erde aufhebt. Sobald der Stadtmagistrat von diesem Schreiben hörte, empfieng er mich als einen Gesandten, sorgte für Wagen und Bediente und lies mein Gepäcke nach Yedo führen; wo ich bald Audienz erhielt, und mein Schreiben überreichte, das mit großer Feierlichkeit eröffnet, und dem Kaiser durch einen Dollmetscher erklärt wurde, der mir alsdann auf des Kaisers Befehl anzeigte, daß ich mein Gesuch vortragen möchte, wobei er mich zugleich versicherte, daß Ihre Majestät aus Achtung für Höchstdero Bruder des Königs von Lugnagg alles in Gnaden bewilligen würden. Der Dollmetscher war Agent der holländischen Angelegenheiten, erkannte bald aus meinem Betragen, daß ich ein Europäer war, und eröfnete mir daher Ihrer Majestät Befehle in holländischer Sprache, die er sehr gut sprach. Ich antwortete, wie ich mir gleich anfangs vorgenommen hatte, daß ich ein holländischer Kaufmann wäre, der in einem sehr entfernten Lande Schiffbruch gelitten hätte. Hierauf wäre ich nach einigen Land- und Seereisen in Lugnagg angekommen, woher ich jetzt käme, und hätte die Reise nach Japan angetreten, weil ich einige meiner hieher handelnden Landsleute hier zu treffen hoffte, um mit ihnen die Rückreise in mein

Vaterland wieder zu machen. Ich bate daher Ihre Majestät unterthänigst, Befehl zu geben, daß ich sicher nach Nangasack geführt werden möchte. Hiezu fügte ich noch die Bitte, Ihre Majestät möchten um meines gnädigsten Gönners des Königs von Lugnagg willen mich, der meinen Landsleuten obliegenden Zeremonie, das Kruzifix mit Füßen zu treten, zu überheben geruhen, weil ich durch Unglücksfälle in dies Königreich gekommen wäre, nicht aber, um Handel zu treiben. Diese letzte Bitte setzte den Kaiser in Verwunderung, und er sagte, daß ich seiner Meinung nach der erste Holländer wäre, der hierin eine Bedenklichkeit fände, und er fänge beinah an, zu zweifeln, daß ich ein Holländer wäre, und er glaube fast, ich sey ein Christ. Dessenungeachtet wolle er mir aus dem angeführten Gründen, und um dem König von Lugnagg ein besonderes Merkmal seiner Freundschaft zu erzeigen, meinem sonderbaren Eigensinn nachgeben: doch müßte die Sache mit Behutsamkeit ausgeführt werden, und seine Offiziere sollten Befehl erhalten, mich passiren zu lassen, als ob diese Zeremonie aus Unachtsamkeit vergessen worden wäre: denn er versicherte mich, daß meine Landsleute, die Holländer, wenn sie um dies Geheimniß wüßten, mir ohne Barmherzigkeit die Kehle abschneiden würden. Ich dankte Ihrer Majestät durch den Dollmetscher für diese so außerordentliche Gnade, und trat, da eben einige Truppen nach Nangasack marschirten, unter Begleitung des kommandirenden Offiziers, welcher wegen der Zeremonie mit dem Kruzifix besondere Verhaltungsbefehle erhielt, die Reise dahin an.

Den 9ten Juny 1709 kamen wir nach einer langen und mühvollen Reise in Nangasack an. Ich traf ein Paar holländische Matrosen von der Amboina von Amsterdam, einem Kauffarteischiffe von 450 Tonnen. Während meiner Studentenjahre in Leiden hatte ich sehr gut Holländisch gelernt. Die Matrosen erfuhren bald, woher ich zuletzt käme, und befragten mich um die Geschichte meiner Reisen und meines Lebens. Ich erzählte ihnen dieselbe so kurz und so wahrscheinlich als möglich, verheimlichte aber den größten Theil. Ich kannte viele Personen in Holland, und ich konnte daher leicht einige Namen für meine Verwandte finden, die, wie ich sagte, geringe Leute in Geldern wären. Ich hätte dem Kapitain Theodor Vangrult gern alles gegeben, was er gefodert hätte, um mich nach Holland mitzunehmen. Aber er wollte nur die Hälfte der gewöhnlichen Fracht haben, als er hörte, daß ich Wundarzt sey, wenn ich ihm nämlich unterwegs mit meiner Kunst beistehen, und auf seinem Schiffe die Stelle eines Gehülfen vertreten wollte. Ehe wir absegelten, fragten mich einige Matrosen, ob ich die vorhin erwähnte Zeremonie auch beobachtet hätte. Ich wich dieser Frage jedesmal durch die allgemeine Antwort aus, daß ich in allen Stücken den Befehlen des Kaisers und des Hofes nachgekommen wäre. Ein boshafter Kerl unter den Matrosen gieng aber doch auf einen Offizier zu, und sagte, mit den Fingern auf mich weisend, zu ihm, daß ich das Kruzifix noch nicht mit Füßen getreten hätte. Allein der andere Offizier, welcher Befehl hatte, mich passiren zu lassen, gab dem Schuft mit einem Bambusrohr einige derbe Hiebe auf den Buckel, und so wurde ich weiter gar nicht mit dergleichen Fragen beschwert.

Auf der Reise fiel weiter gar nichts merkwürdiges vor. Wir fuhren mit dem besten Winde nach dem Vorgebürge der guten Hoffnung, wo wir frisches Wasser einnahmen. Am 10ten April 1710 kamen wir glücklich in Amsterdam an, nachdem wir nicht mehr als drei Mann durch Krankheit und einen durch einen Unglücksfall verlohren hatten, indem derselbe nicht weit von der Küste Guinea vom Vordermast in die See herabstürzte. Von Amsterdam segelte ich

bald darauf in einem kleinen dieser Stadt ange-
hörigen Schiffe nach England ab.

Den sechszehnten April 1710 kamen wir in
den Dünen an, und ich hatte den folgenden
Morgen das Vergnügen, ans Land zu steigen,
und nach einer Abwesenheit von fünf Jahren und
sechs Monaten mein Vaterland wieder zu sehen.
Ich gieng gerade nach meinem ehemaligen Wohn-
orte, wo ich um zwei Uhr Nachmittags eintraf,
und meine Frau und Familie im beßten Wohl-
seyn antraf.

Reise nach dem Lande
der
Houyhnhnms.

Erstes Kapitel.

Der Verfasser macht als Schiffskapitain von neuem eine Seereise. Seine Leute verschwören sich gegen ihn, halten ihn lange Zeit in der Kajüte gefangen, und setzen ihn an der Küste eines unbekannten Landes aus. Er reiset tiefer ins Land. Beschreibung der Yahoos, einer sonderbaren Art Thiere. Der Verfasser findet zwei Houyhnhnms.

Ungefähr fünf Monat lebte ich im Schooße meiner Familie, bei meiner Frau und meinen Kindern recht glücklich, aber ich wußte den Werth meiner häuslichen Glückseligkeit nicht zu schätzen. Ich verließ meine Frau schwanger, und nahm den vortheilhaften Antrag an, Kapitain auf dem Abendtheurer, einem Kauffartheischiffe von 350 Tonnen, zu werden. Ich verstand das Seewesen sehr gut, und da ich nicht mehr Lust hatte, meine Kunst länger auszuüben, als nur höchstens im Fall der Noth, so nahm ich einen geschickten jungen Menschen, Robert, mit mir ins Schiff. Wir segelten den 7ten August 1710 von Portsmouth ab, und trafen den 14ten Sept. in Teneriffa den Kapitain Pokocke von Bristol, der nach der Bay von Kampesche schiffte, um Färbeholz zu laden. Am sechzehnten wurden wir von einander durch Sturm getrennt. Nach meiner Rückkunft habe ich erfahren, daß er Schiffbruch gelitten hat, und daß nur ein einziger Schiffsjunge gerettet worden ist. Er war ein Biedermann, und ein guter Seefahrer, nur etwas eigensinnig, welches auch die Ursache seines Unglücks war, und wodurch zugleich so viele andere ihr Leben verlohren. Wäre er meinem Rathe gefolgt, so würde er jetzt eben so gesund und wohl bei seiner Familie sitzen als ich.

Ich verlohr verschiedene Leute durch ein hitziges Fieber, daß ich genöthigt wurde, aus Barbados und den umliegenden Inseln frische Leute anzuwerben; die Kaufleute, denen ich bedient war, beredeten mich hiezu, ich hatte aber bald Ursache, es zu bereuen, denn ich fand nachher, daß die Rekruten Buckainere*) gewesen waren.

Ich

---

*) Waren berühmte Seeräuber in Westindien.

Ich hatte fuhfzig Mann am Bord, und den Auftrag, mit den Indianern der Südsee zu handeln, und so viele Entdeckungen zu machen als möglich. Die Schurken, die ich auf erwähnten Inseln aufgelesen hatte, verführten meine übrigen Leute, und machten ein Komplott, sich des Schiffes und meiner Person zu bemächtigen. Eines Morgens drangen sie daher in meine Kajüte, banden mich an Händen und Füßen, droheten mich über Bord zu werfen, wenn ich nur muckste. Ich versicherte Sie, daß ich als ihr Gefangener mich ganz ihrer Willkühr überließe — dies muste ich Ihnen nun mit einem Eide betheuern. Hierauf banden sie mich los, und befestigten nur eins von meinen Beinen mit der Kette an mein Bett, und stellten zugleich eine Schildwache an meine Thür mit einem geladenen Gewehre, um mich auf der Stelle tod zu schießen, wenn ich versuchen wollte, mich frei zu machen. Sie brachten mir zu essen und zu trinken, und übernahmen das Kommando des Schiffes. Ihre Absicht war, auf Seeräuberei auszugehen, und die Spanier zu plündern, welches sie aber doch nicht eher konnten, als bis ihre Zahl stärker war. Sie beschlossen zuerst die im Schiffe vorhandenen Waaren zu verkaufen, und dann in Madagaskar mehr Leute anauwerden, da während meiner Gefangenschaft verschiedene gestorben waren. Sie segelten einige Wochen umher, und handelten mit den Indianern; allein ich wuste nicht, welchen Weg sie nahmen, indem ich sehr sorgfältig in meiner Kajüte bewacht, und alle Augenblick mit dem Tode bedrohet wurde.

Den 9ten May 1711 kam ein gewisser Jakob Welch in meine Kajüte, und sagte, er hätte vom Kapitain Befehl, mich ans Land zu setzen. Ich machte vergeblich Vorstellungen, er wollte mir nicht einmal sagen, wer ihr neuer Kapitain sey. Ich muste in ein Boot steigen, nachdem man mir erlaubt hatte, mein bestes Kleid anzuziehen, welches so gut, wie neu war, auch einige Wäsche aber keine andern Waffen als meinen Degen mitzunehmen. Dabei waren sie noch höflich, mir die Taschen, worin ich mein Geld und einige andere nöthige Dinge hatte, nicht zu durchsuchen. Sie ruderten ohngefähr eine Meile mit mir fort, und setzten mich dann an einem Strande aus. Ich verlangte von ihnen zu wissen, was für ein Land dies wäre; aber sie schworen, daß sie es so wenig wüsten als ich, ihr Kapitain, fuhren sie fort: hätte beschlossen, mich, so bald sie ihre Waaren verkauft haben würden, an der ersten besten Küste, auszusetzen. — Sie stießen sogleich wieder in

Seey, und gaben mir bei ihrem Hinwegrudern noch den Rath, mich in Acht zu nehmen, daß mich die Flut nicht ereilte, und wünschten mir ein Lebewohl.

In diesem traurigen Zustande gieng ich eine Strecke vorwärts, und kam bald auf festen Boden, wo ich mich niedersetzte, um auszuruhen, und zu berathschlagen, was ich nun zu thun hätte. Nachdem ich mich etwas erhohlt, gieng ich tiefer ins Land, mit dem festen Entschlusse, mich dem ersten Wilden, dem ich begegnen würde, zu ergeben, und mit einigen Armbändern, Glas-Perlen und andern Kleinigkeiten, womit sich die Seefahrer auf solchen Reisen zu versehen pflegen, und wovon ich einiges bei mir hatte, mein Leben zu erkaufen. Eine Menge Bäume, nicht nach der Kunst gepflanzt, sondern wie die Natur sie von selbst hervorwachsen läßt, bedeckte das Land auf einer Seite, indeß auf der andern ganze Strecken Wiesen und Haberfelder waren. Ich schritt äußerst vorsichtig weiter, um nicht überfallen, oder unvermuthet mit einem Pfeile von hinten geschossen zu werden. Ich kam auf eine Landstraße, wo ich viele Fußtapfen von Menschen, Kühen und vorzüglich von Pferden antraf. Endlich sah ich einige Thiere im Felde, und dann eins oder ein Paar hin und wieder auf Bäumen. Sie hatten eine sehr sonderbare und häßliche Gestalt, wovor ich mich anfangs entsetzte, und mich hinter einem Gebüsche niederlegte, um sie besser beobachten zu können. Einige kamen dem Orte, wo ich saß, sehr nahe, so daß ich ihre Gestalt ziemlich deutlich bemerken konnte. Kopf und Brust waren theils mit krausen, theils mit langen Haaren dicht bewachsen. Sie hatten Bärte wie Ziegenböcke, und am Rücken herunter einen langen haarigten Streif, und die Vordertheile ihrer Füße waren ebenfalls mit Haaren bewachsen. Der übrige Theil des Körpers war nackt, und die Haut olivenfarbig. Sie hatten keine Schwänze, auch gar keine Haare an den Hinterschenkeln, ausgenommen am Hintern, welche die Natur, wie ich vermuthe, dahin pflanzte, um diesem Theile beim Niedersetzen eine schützende Unterlage zu verschaffen: denn diese sitzende Stellung ist ihnen eben so gewöhnlich, als das Liegen; öfters aber stehen sie auf den Hinterfüßen. An hohen Bäumen kletterten sie so geschwind hinauf, wie Eichhörnchen; denn sie hatten vorn und hinten starke lange Klauen, die sich in scharfen krummen Spitzen endigten. Sie liefen, sprangen und machten Sätze mit bewundernswürdiger Behendigkeit. Die Weibschen waren nicht so groß als die von männlichem Geschlechte: sie hatten auf dem Kopfe lange Haare, aber im Gesichte kein Härchen, und am ganzen übrigen Leibe auch weiter nichts, als eine Art von weichen Dunen, die Gegenden des Hintern und der Schaam ausgenommen. Die Brüste hiengen zwischen den Vorderfüßen herab, und reichten, wenn sie giengen, beinah bis auf die Erde herunter. Die Haare waren bei beiden Geschlechtern von verschiedenen Farben, braun, roth, schwarz und gelb. Kurz, ich hatte auf allen meinen Reisen kein so häßliches Thier gesehn, oder wenigstens keins, gegen welches ich jemals einen so starken Widerwillen gefühlt hätte. Es ekelte mich, sie länger anzusehn, und voll Verachtung und Abscheu stand ich auf, setzte meinen Weg in der Hoffnung fort, daß ich bald zu der Hütte irgend eines Indianers kommen würde. Ich war kaum etwas weiter gegangen, als mir eins von diesen Thieren in den Weg kam, und grade auf mich zugieng. Als mich das häßliche Geschöpf erblickte, verzerrte es ganz entsetzlich auf mancherlei Weise das Gesicht, und starrte mich als ein Wesen an, das ihm noch nie vorgekommen war. Als es sich mir näherte, hob es seine Vorderpfoten auf, ob aus Verwunderung, oder um mir einen Streich zu versetzen, weis ich nicht; aber ich zog meinen Degen, und gab ihm mit der flachen Klinge einen derben Schlag, mit der Schärfe wollte ich ihm nichts thun, weil ich fürchtete, daß die Einwohner dadurch wider mich gereizt werden möchten, wenn sie erführen, daß ich eins von ihren zahmen Thieren getödtet oder verwundet hätte. So wie es den Schmerz fühlte, gieng es zurück, und brüllte so schrecklich, daß ein Trupp von mehr als vierzig aus den nächsten Feldern sich um mich versammelte, schrecklich heulte, und abscheuliche Gesichter machte. Ich eilte zu einem Baum, lehnte mich mit dem Rücken daran, und hielt sie von mir ab, indem ich mit den Degen herum schwadronirte. Einige von dieser verwünschten Brut konnten von hinten die Zweige erreichen, sprangen auf den Baum, und fiengen an ihre Extremente auf meinen Kopf herabfallen zu lassen: doch entkam ich dieser Entladung noch so ziemlich, wäre aber von dem Gestank des von allen Seiten herunter fallenden Kothes bald erstickt.

Mitten in dieser Klemme sah ich sie alle auf einmal plötzlich davon eilen. Ich wagte es nun, den Baum zu verlassen, und auf der Landstraße weiter zu gehen. Ich wunderte mich, was sie so plötzlich hatte in Schrecken jagen können. Als ich mich links umsah, erblickte ich ein Pferd, das ganz langsam auf dem Felde einhergieng. Die Bestien, die mich verfolgten, hatten es eher entdeckt, und dies war die Ursache ihrer

Flucht gewesen.——Das Pferd stutzte, als es näher kam, faßte sich aber bald wieder, sah mir steif mit Verwunderung ins Gesicht, und beschauete, rings um mich herumgehend, meine Hände und Füße. Ich wollte weiter gehen, aber es stellte sich mir in den Weg, und machte dabei ein so freundliches Gesicht, worin nicht ein einziger Zug war, der etwas arges angezeigt hätte. Wir sahen in dieser Stellung uns eine Weile an, und zuletzt war ich so dreist, meine Hand gegen seinen Nacken auszustrecken, um es zu streicheln, wobei ich nach der Weise der Roßhändler, wenn sie ein fremdes Pferd befühlen wollen, zu pfeifen anfieng. Aber dies Thier schien über meine Karessen unwillig zu werden, schüttelte den Kopf, verzog die Augenbraunen, und hob sanft den Vorfuß auf, um meine Hand zu entfernen; wieherte drei bis viermal, und zwar in so verschiedenen Abfällen, es wäre dies eine Sprache, in welcher es mit sich selbst rede.

Indem wir so neben einander standen, kam ein anderes Pferd, und näherte sich dem erstern unter vielen Formalitäten; alsdann strichen sie beide ganz sanft die rechten Vorderfüße aneinander, wieherten einige Mahle und veränderten die Töne so, daß sie artikulirt schienen. Sie traten hierauf einige Schritte bei Seite, als ob sie etwas mit einander zu verabreden hätten, und giengen, gleich Staatspersonen, die sich über wichtige Sachen mit einander berathschlagen, ernsthaft auf und nieder, sahen aber dabei oft auf mich hin, als ob sie mich beobachten wollten, daß ich nicht entfliehen sollte. Ich war über das Betragen und die Handlungen dieser unvernünftigen Thiere ganz erstaunt, und dachte bei mir, daß die Einwohner dieses Landes, wenn sie einen verhältnißmäßigen Grad von Vernunft hätten, das weiseste Volk auf Erden seyn müste. Dieser Gedanke gab mir so viel Trost und Kraft, daß ich so lange weiter zu gehen beschloß, bis ich ein Haus, oder ein Dorf, oder einen Einwohner träfe, die beiden Pferde möchten indeß so lange mit einander plaudern, als es ihnen beliebte. Aber das erstere, das ein apfelgrauer Schimmel war, bemerkte mein Weggehen, und wieherte so gebieterisch hinter mir her, daß ich seine Meinung zu verstehen glaubte, worauf ich mich umdrehte, und auf dasselbe zugieng, um seine fernern Befehle zu erwarten. Meine Furcht verbarg ich so gut als ich konnte, denn ich fieng wirklich an, etwas bange zu werden, wie dies Abentheuer sich noch endigen möchte, und der Leser wird mir daher leicht glauben, daß mir meine gegenwärtige Lage eben nicht sehr behagte.

Beide Pferde kamen mir ganz nahe auf den Leib, und beschaueten mein Gesicht und mei-

ne Hände mit großer Ernsthaftigkeit, der Apfel-
schimmel betastete mit seinem rechten Vorderhufe
meinen Hut rund herum, und brachte ihn so in
Unordnung, daß ich ihn abnehmen, und wieder zurecht steifen mußte, worüber er und sein
Gesellschafter, ein Lichtbraun, sich außerordentlich verwunderten. Der Letztere befühlte nun
auch die Schöße meines Rockes, und bezeigte
neues Erstaunen, da er sah, daß diese locker um
mich herum hiengen. Er streichelte meine rechte
Hand, und bewunderte die Weichheit und Weiße
derselben, drückte sie aber zwischen seinem Hufe
und dem Fesselgelenke so gewaltig, daß ich laut
schreien mußte, worauf sie beide mich alsdann so
sanft als möglich betasteten. Aus meinen Schuhen und Strümpfen konnten sie nicht recht klug
werden. Sie befühlten sie oft, wieherten dann
gegen einander, und machten Gebehrden, wie
ein Philosoph, der über die Erklärung eines
neuen und schweren Phänomens brütet.

Kurz, das Betragen dieser Thiere war so
ordentlich und vernünftig, so scharfsinnig und
klug, daß ich sie zuletzt für Zauberer hielt, welche aus irgend einer Absicht eine solche Gestalt
angenommen hätten, und nun, da ihnen ein
Fremder in den Wurf gekommen wäre, sich entweder mit ihm belustigen wollten, oder vielleicht
auch über den Anblick eines Menschen erstaunten.

der von denen, die in diesem entfernten Lande wohnen möchten, an Kleidung, Gestalt, Bildung, Farbe, und in allen Zügen so sehr unterschieden wäre. Diese mir äußerst wahrscheinlich vorkommende Vermuthung bewog mich, sie folgendermaßen anzureden: „Meine Herren, wenn Sie, wie ich guten Grund zu glauben habe, Zauberer sind; so werden Sie gewiß alle Sprachen verstehen. Ich nehme mir daher die Freiheit, Ihro Gnaden zu versichern, daß ich ein unglücklicher Engländer bin, den sein Misgeschick an Ihre Küsten getrieben hat. Ich bitte daher, daß einer von Ihnen die Güte haben möge, mich auf seinen Rücken zu nehmen, als ob er ein wirkliches Pferd wäre, und mich bis zu ihrem Dorfe oder zu einem Hause zu tragen, wo ich mich erhohlen kann. Für diese erwiesene Gefälligkeit will ich ihm dies Messer und Armband (das ich hiebei aus der Tasche zog) zum Geschenk machen." — Die beiden Geschöpfe waren, so lange ich sprach, ganz still, und schienen mit der größten Aufmerksamkeit mir zuzuhören. Als ich aber geendigt hatte, wieherten sie sich öfters zu, als wären sie in einem ernsthaften Gespräche begriffen gewesen. Ihre Töne drückten, wie ich deutlich bemerken konnte, die Leidenschaften sehr gut aus, und ihre Worte hätten mit leichterer Mühe können

in ein Alphabet gebracht werden, als die Chi-
nesische.

Ich konnte mehrmal das Wort Yahoo,
welches sie öfters wiederhohlten, unterscheiden.
Ob ich nun gleich den Sinn desselben nicht errathen konnte, so versuchte ich doch, während bey-
de Pferde mit einander redeten, dies Wort leise
nachzusprechen, und dann, als sie beide still
waren, mit lauter Stimme zu rufen, Yahoo,
auch zugleich das Wiehern eines Pferdes, so
gut als ich konnte, nachzuahmen. Dies setzte
sie in ein sichtbares Erstaunen, und der Schimmel wiederhohlte das nämliche Wort zweimal,
als ob er mir den rechten Ton lehren wollte. Ich
sprach ihm nach, und fand, daß ich es mit jedem Male besser konnte, ob ich gleich von dem
rechten Tone noch ziemlich weit entfernt war.
Der Lichtbraun machte jetzt einen Versuch mit
einem andern Worte, das schwerer auszusprechen
war, und ohngefähr so lauten würde Houyhnhnm. Dies Wort konnte ich nicht so gut
als das erste sprechen, nach einigen Versuchen
glückte es immer besser, und beide Thiere schienen über meine Fähigkeit ganz erstaunt.

Nach einigen hin und her reden, das, wie
ich vermuthen konnte, mich betraf, nahmen die
beiden Freunde mit dem nämlichen Komplimente,
womit sie sich einander genähert hatten, daß sie

nämlich ihre Hufe aneinander strichen, von einander Abschied. Der Schimmel gab mir ein Zeichen vor ihm herzugehen, und ich hielt es für gut, ihm darin zu gehorchen, bis ich einen bessern Wegweiser fände. Als ich etwas langsam zu gehen anfieng, schrie er: Hhuun! Hhuun! Ich errieth seine Meinung, und gab ihm, so viel mir möglich war zu verstehen, daß ich müde sey, und nicht schneller gehen könnte, worauf er eine Weile stille stand, um mich ausruhen zu lassen.

Zweites Kapitel.

Der Verfasser wird von einem Houhnhnm nach einer Wohnung geführt. Beschreibung derselben. Aufnahme des Verfassers daselbst. Nahrung der Houhnhnms. Verlegenheit des Verfassers in Ansehung der Lebensmittel, und wie er aus dieser Verlegenheit kommt. Seine Lebensweise in diesem Lande.

Wir waren ohngefähr drei Meilen gegangen, und kamen an eine Art von langem Gebäude, das aus hölzernen in die Erde gesteckten Balken bestand, und geflochtene Wände hatte. Das Dach war niedrig und mit Stroh bedeckt. Nun fieng ich an, etwas Muth wieder zu bekommen, und nahm einige Kleinigkeiten heraus, welche Reisende gewöhnlich bei sich zu führen pflegen, um die Wilden in Amerika und an andern Orten damit zu beschenken. Ich hoffte durch diese Geschenke, mir die Leute des Hauses gewogen zu machen, daß sie mich freundschaftlich aufnehmen möchten. Der Schimmel gab mir ein Zeichen, zuerst hineinzugehen. Ich kam in ein geräumiges Zimmer, dessen Fußboden zwar Erde, aber sehr reinlich war, an der einen Seite des Zimmers befanden sich eine Krippe und eine Raufe. Hier waren drei junge Hengste und zwei Stuten; sie fraßen nicht, sondern saßen auf ihren Hintern, worüber ich mich wunderte. Meine Verwunderung nahm aber noch mehr zu, als ich die übrigen Pferde verschiedene häusliche Geschäfte verrichten sah, und diese schienen von der gemeinen Art zu seyn. Alles dies bestärkte mich indeß in der Meinung, daß ein Volk, welches unvernünftige Thiere so bilden könnte, alle übrigen Völker in der Welt an Weisheit übertreffen müste. Der Schimmel kam gleich hinter mir herein, und verhüthete dadurch irgend eine üble Begegnung, der ich hätte ausgesetzt seyn können. Er wieherte einigemal in einem Tone, welcher Ansehn und Macht anzeigte, und man antwortete ihm jedesmal.

Außer diesem Zimmer waren noch drei andre, die neben einander lagen, und in die man durch drei gerade gegen einander überstehende Thüren kam, so daß bei offenen Thüren eine Art von Perspektive entstand. Wir giengen durch das zweite Zimmer bis zur Thür des dritten. Hier gieng der Schimmel zuerst hinein und winkte mir, daß ich hier warten sollte. Ich blieb in diesem Zimmer, und machte indeß meine Geschenke für den Herrn und die Frau des Hauses zurecht. — Es waren zwei Messer, drei Armbänder von falschen Perlen, ein kleiner Spiegel, und eine Halsschnur. Das Pferd wieherte drei bis viermal, und ich gab Acht, ob ich eine Antwort in menschlicher Sprache hören könnte, aber ich hörte keine andere als eine wiehernde Antwort, nur war die Stimme etwas heller. Die vielen Umstände, die es erfoderte, ehe ich vorgelassen wurde, brachten mich auf die Vermuthung, daß dieses Haus irgend einer vornehmen Person gehören müsse, allein daß ein vornehmer Herr sich von Pferden bedienen lassen könnte, dies gieng über meinen Verstandskreis hinaus. Es überfiel mir wirklich eine Furcht, daß die mannigfaltigen Unglücksfälle und Leiden mir den Kopf verrückt hätten. Ich blickte um mich herum, und sah, daß ich allein war. In dem Zimmer war das nämliche Hausgeräthe, wie in dem vorigen, nur alles weit hübscher. Ich rieb mir meine Augen, erblickte aber nur immer die nämlichen Gegenstände. Ich kniepte mich in die Arme und Lenden, in Hoffnung dadurch aus meinem Traum zu erwachen. Endlich glaubte ich, daß alles dies weiter nichts seyn könnte als Hexerei und Zauberei. Aber ich konnte diesem Gedanken nicht weiter nachhängen, denn der Schimmel kam an die Thür, und winkte mir, ihm ins dritte Zimmer zu folgen, wo ich eine sehr schöne Stute nebst zwei Füllen auf einer nicht übelgemachten und sehr reinen und saubern Strohmatte sitzen sah.

Die Stute stand gleich nach meinem Eintritt ins Zimmer von ihrer Matte auf, kam auf mich zu, beschauete meine Hände und mein Gesicht genau, blickte auf mich verächtlich herab, wendete sich gegen den Schimmel, und beide wiederhohlten öfters das Wort Yahoo. Ob gleich nun dieses Wort das erste war, welches ich hatte aussprechen lernen, so verstand ich doch die Bedeutung desselben nicht, erfuhr sie aber bald zu meiner nicht geringen Kränkung. Der Schimmel winkte mir mit dem Kopfe, und wiederhohlte die Worte Hhuun, Hhuun auf eben die Art, als er es that, da wir auf dem Wege waren, und die ich so verstand, daß ich gehen sollte. Er führte mich alsdann auf einen

Hof, wo noch ein anderes Gebäude war. Wir giengen hinein, und ich sah drei von den abscheulichen Geschöpfen, welche ich zuerst nach meiner Landung antraf. Sie fraßen Wurzeln und Fleisch von einigen Thieren, und zwar, wie ich hernach erfuhr, von Eseln, Hunden, und auch von Kühen. Dies letztere Futter erhalten sie, wenn solche Thiere an einer Krankheit sterben, oder sonst durch Zufall ums Leben kommen. Sie waren sämtlich mit starken Weidenruthen, die um ihren Hals giengen, an einen Querbalken gebunden. Ihr Futter hielten sie zwischen den Klauen ihrer Vorderpfoten, und zerrissen es mit ihren Zähnen.

Der Schimmel befahl einem Fuchse, seinem Knechte, das größte von diesen Bestien loszubinden, und in den Hof zu führen. Hier wurde dies Thier dicht neben mir gestellt. Unsere Gesichter wurden vom Herrn und seinem Knecht genau mit einander verglichen, wobei sie das Wort Yahoo einigemale wiederhohlten. Mein Schrecken und Entsetzen gieng über alle Gränzen, als ich in diesem Thiere eine menschliche Figur erblickte. Sein Gesicht war wirklich flach und breit, die Nase eingedrückt, die Lippen aufgeworfen und der Mund weit, allein diese Eigenschaften sind allen wilden Völkern gemein,

mein, weil die Gesichtszüge bei ihnen schon in der frühen Jugend verdreht werden, indem sie die Kinder auf der Erde kriechen lassen, oder sie auf den Rücken tragen, wo die Kinder alsdann immer mit dem Gesicht gegen die Schultern der Mutter stoßen. Seine Vorderfüße waren von meinen Händen in nichts als durch die Länge der Nägel, durch die gröbere Haut und die braune Farbe der flachen Hand, und den Haaren auf den obern Theile derselben unterschieden. Eine gleiche Aehnlichkeit hatten auch unsere Hinfüße, welches aber die Pferde wegen meiner Schuh und Strümpfe nicht so gut als ich wissen konnten. Auch die übrigen Theile unseres Körpers hatten viel Aehnlichkeit, und waren nur durch Farben und Haare, wie ich bereits bemerkt habe, unterschieden.

Die größte Schwierigkeit, welche die beiden Pferde zu beschäftigen schien, war die Ungleichheit der übrigen Theile meines Körpers mit dem Körper eines Yahoos, und dies hatte ich meinen Kleidungen zu verdanken, wovon die Pferde keinen Begriff hatten. Der Fuchs both mir eine Wurzel an, die er nach seiner Art, wie ich hernach weiter beschreiben werde, zwischen seinem Hufe und dem Fessel hielt. Ich nahm sie, roch daran, und gab sie ihm auf das höflichste wieder zurück. Hierauf brachte er mir aus des Yahoos Stalle ein Stück Eselsfleisch, welches aber so häßlich stank, daß ich mich vor Ekel auf die Seite drehen muste, da er es dann dem Yahoo wieder vorwarf, der es mit Gierigkeit auffraß. Nun zeigte er mir ein Bund Heu und etwas Haber, allein ich schüttelte den Kopf, um ihn zu verstehen zu geben, daß auch dieses beides keine Kost für mich sey. Jetzt fieng ich an wirklich mich zu fürchten, daß ich vor Hunger würde sterben müssen, wenn ich nicht bald Leute von meinem Geschlechte fände. Denn obgleich kein Mensch liebevoller gegen seines Gleichen gesinnt seyn konnte, als ich damals unter diesen Umständen, so gesteh ich, daß ich in meinem Leben kein so abscheuliches Geschöpf gesehen hatte, als diese häßlichen Yahoos. Je mehr ich sie kennen lernte, je größer wurde mein Abscheu vor ihnen, so lange ich mich in diesem Lande aufhielt. — Da der Herr Schimmel diesen meinen Widerwillen bemerkte, lies er den Yahoo wieder in den Stall zurückführen. — Nun steckte er den Vorderfuß mit einer solchen Leichtigkeit, und auf eine so natürliche Weise in den Mund, daß ich mich darüber verwunderte, und machte alsdann auch noch andere Zeichen, um von mir zu erfahren, was ich gern essen möchte. Allein ich konnte ihm keine andere Antwort geten, als die er zu verstehen im Stande war, und verstünde er sie auch, so sah ich nicht ein, wie es möglich seyn würde, ein Mittel zu finden, wodurch ich mir Nahrungsmittel verschaffen könnte. Indeß wir uns so unterhielten, sah ich eine Kuh vorbeigehen; ich zeigte daher auf sie hin, und wünschte, sie zu melken. Dies that gehörige Wirkung. Er führte mich ins Haus zurück, und befahl sogleich einer Stute, welche Magd im Hause war, ein Zimmer aufzuschließen, wo ein hinlänglicher Vorrath von Milch in irdenen sehr reinlichen Geschirren vorhanden war. Sie gab mir eine große Schüssel voll, die ich mir gar vortreflich schmecken ließ, und wodurch ich mich recht wieder erquickte.

Um Mittag sah ich ein Fuhrwerk, das wie ein Schlitten von vier Yuhoos gezogen wurde. Es lag ein alter Hengst darin, der von vornehmen Stande zu seyn schien. Beim Heraussteigen setzte er seine Hinterfüße zuerst auf den Boden, weil er seinen linken Vorderfuß durch einen Zufall gelähmt hatte. Er kam, um das Mittagsmahl bei dem Herrn Schimmel einzunehmen, der ihn mit großer Höflichkeit bewillkommte. Sie speißten in dem besten Zimmer, und hatten zum zweiten Gerichte Haber in Milch gekocht; den das alte Pferd warm, die übrigen

aber kalt genoßen. Ihre Krippen standen in
der Mitte des Zimmers in einem Kreise herum.
Jedes hatte seine besondere Abtheilung, und alle
saßen auf Küßen von Stroh. In der Mitte
war eine große Raufe, deren Oeffnungen zu den
Abtheilungen der Krippen genau paßten, so daß
jedes Pferd seine Portion Heu, Haber und
Milch in größter Ordnung und mit Anstand aß.
Die jungen Fohlen betrugen sich auch sehr be-
scheiden, und Wirth und Wirthin waren gegen
ihren Gast äußerst höflich und freundlich. Mir
befahl der Schimmel, neben ihm zu stehen,
und so viel ich aus des Fremden öftern Blicken
auf mich und der Wiederhohlung des Wortes
Yahoo schließen konnte, betraf das Gespräch
zwischen ihnen vorzüglich mich.

Ich hatte meine Handschuh angezogen. Als
der Schimmel dies gewahr wurde, äußerte er
sein Erstaunen und seine Verwunderung durch
mancherlei Zeichen, was ich mit meinen Vorderfüßen wohl gemacht haben möchte. Er berührte
sie ein Paarmal mit seinem Vorderfuße, als ob
er mir zu verstehen geben wollte, ich möchte ihnen wieder die vorige Gestalt geben, welches ich
auch sogleich that, die Handschuh auszog, und
in die Tasche steckte. Dies veranlaßte ein neues
Gespräch, und ich sah, daß die Gesellschaft mit
meinem Betragen sehr wohl zufrieden war, wo-

von ich die guten Wirkungen bald verspürte. Ich muste die wenigen Worte, die ich verstand, aussprechen, und der Herr Schimmel lehrte mich während der Mahlzeit noch die Worte: Haber, Milch, Feuer, Wasser und dergl. die ich ihm ohne Mühe nachsprechen konnte; indem ich zu Erlernung fremder Sprachen außerordentlich viel Geschicklichkeit hatte.

Nach dem Essen nahm der Schimmel mich auf die Seite, und gab mir durch Zeichen und Worte zu verstehen, in welcher Verlegenheit er sey, daß ich nichts zu essen hätte. Da Hlunah in ihrer Sprache Häber heißt, so sprach ich dies Wort drei bis viermal aus, denn ob ich gleich anfangs den Haber, den man mir anboth, ausschlug, so sah ich doch nach reiflichem Ueberlegen, daß ich daraus eine Art Brod backen könnte, welches nebst Milch mir so lange hinlängliche Nahrung zu verschaffen im Stande sey, bis ich endlich in ein andres Land entfliehen könnte, wo ich Geschöpfe von meiner Gattung anträfe. Sogleich lies der Herr Schimmel durch eine weiße Stute einer Dienstmagd eine ziemliche Menge Häber in einem hölzernen Gefäße herbeibringen. Diesen röstete ich beim Feuer, so gut als ich könnte, und rieb ihn, bis die Hülsen sprangen, die ich alsdann durch Werfen von dem Kern sichtete. Hierauf zerschlug und zermalmte ich den Haber zwischen zwei Steinen, feuchtete ihn mit Wasser an, und machte einen Teig daraus, den ich am Feuer röstete, und mit warmer Milch aß. Obgleich dies Gericht in vielen Ländern Europens häufig gegessen wird, so wollte es mir anfangs doch gar nicht schmecken, bis ich mich allmählig daran gewöhnte. Schon oft war ich in dem Fall gekommen, mit harter Kost zufrieden seyn zu müssen, und es war nicht die erste Erfahrung, die ich machte, wie leicht man die Natur befriedigen kann. Auch muß ich hiebei bekennen, daß ich während meines ganzen Aufenthaltes in dieser Insel nicht ein einzig Mal krank gewesen bin. Zuweilen fieng ich mir mit Schlingen, die ich aus Yahoos Haaren machte, ein Kaninchen, oder Vögel, und sammelte Kräuter, die ich entweder kochte, oder als Salat zurecht machte, ja ich machte mir auch, obgleich selten, Butter, und trank die Buttermilch. Anfangs fiel mir der Mangel des Salzes äußerst beschwerlich, aber ich gewöhnte mich auch an ungesalzene Speisen, und ich bin überzeugt, daß der häufige Gebrauch des Salzes nur aus Schwelgerei, und um viel trinken zu können eingeführt worden ist; den Fall ausgenommen, wo man mit Salz Fleisch einböckelt, um es vor Fäulniß zu bewahren, oder es nach fernen Gegenden mitzunehmen. Kein einziges

2. K. D. V. wird nach einer Wohn. geführt.

Thier macht, wie wir überall sehen, aus dem Salze eine Delikateisse, sondern nur der Mensch. Was mich betrifft, so war mir lange Zeit der Geschmack desselben in einer jeden Sache, die ich aß, unerträglich.

Doch genug von einer Sache, womit manche Reisebeschreiber viele Bogen anfüllen können, als ob dem Leser so sehr viel daran gelegen wäre zu wissen, ob der Verfasser gut oder schlecht gegessen habe. Etwas muste ich aber hievon sagen, weil man vielleicht an der Möglichkeit hätte zweifeln können, daß ich in einem solchen Lande und unter solchen Bewohnern mich drei Jahr erhalten habe.

Gegen Abend wies mir der Schimmel einen Ort an, wo ich übernachten könnte. Er war nur wenige Schritte vom Hause entfernt, und durch eine Wand von dem Stalle der Yahoos getrennt. Hier nahm ich etwas Stroh, legte mich darauf und deckte mich mit meinen Kleidern zu, und schlief recht fest. Es wurde aber bald besser für mich gesorgt, wie der Leser bald erfahren wird, wenn ich umständlicher meine Lebensweise ihm beschreiben werde.

Drittes Kaptel.

Der Verfasser bemüht sich die Sprache der Houyhnhnm's zu lernen. Sein Herr lehrt ihm dieselbe. Beschreibung dieser Sprache. Einige vornehme Herren kommen aus Neugierde, den Verfasser kennen zu lernen. Er giebt seinem Herrn eine Nachricht von seinen Reisen.

Mein hauptsächliches Bestreben gieng jetzt dahin, die Sprache zu lernen, die mein Herr, denn so will ich ihn in Zukunft nennen, seine Kinder und Leute mir zu lehren, sich alle Mühe gaben. Denn sie sahen es als ein Wunder an, daß ein Thier von meiner Art so vernünftig, wie sie seyn sollte. Ich zeigte auf alle mir vorkommende Sachen, und frägte nach der Benennung derselben, die ich mir in mein Tagebuch schrieb, wenn ich allein war, und suchte durch Hülfe des Hausgesindes, das mir die Worte öfters vorsagen muste, meine Aussprache zu verbessern. Hierin stand mir vorzüglich ein junger Fuchs bei, welcher einer von den Unterbedienten im Hause war.

Sie sprachen eine Menge Worte durch die Nase und Gurgel, und ihre Sprache kommt unter allen europäischen der Oberdeutschen am nächsten, doch ist sie noch angenehmer und ausdrucksvoller. Kaiser Karl 5 machte die nämliche Bemerkung, er sagte, wenn er mit seinem Pferde reden müßte, so würde er es in deutscher Sprache thun.

Die Neugierde und Ungeduld meines Herrn war so groß, daß er manche müßige Stunde hinbrachte, um mich zu unterrichten. Er war, wie er mich öfters versicherte, überzeugt, daß ich ein Yahoo seyn müßte; aber meine Gelehrigkeit, meine Höflichkeit und Reinlichkeit setzte ihn in Erstaunen, da diese Eigenschaften den Eigenschaften dieser Thiere gerade entgegengesetzt wären.

Meine Kleider machten ihn manchmal ganz verwirrt, indem er oft bei sich nachdachte, ob sie einen Theil meines Körpers ausmachten, da ich sie niemals eher auszog, als bis die Familie im Schlaf war, und sie wieder anzog, ehe sie am Morgen aufstanden. Vorzüglich neugierig war mein Herr, zu wissen, woher ich käme, und wie ich zu dem Grade der Vernunft gekommen wäre, die aus allen meinen Handlungen hervorleuchtete. Er wünschte meine Geschichte aus meinem eignen Munde zu hören, und machte sich hiezu wegen meiner schnellen Fortschritte in der Sprache große Hoffnung sie bald zu erfahren. Um meinem Gedächtnisse zu Hülfe zu kommen, schrieb ich mir alle Wörter nach dem Alphabet meiner Muttersprache auf, und auch bei jedem Wort die Bedeutung. Dies that ich bald darauf auch in Gegenwart meines Herrn, es kostete mir aber viel Mühe, ihm begreiflich zu machen, was ich that, indem die Einwohner dieses Landes nicht den mindesten Begriff weder von Büchern noch vom Schreiben haben.

Nach Verlauf von ohngefähr zehn Wochen konnte ich schon seine meisten Fragen verstehen, und in drei Monaten ihm auch ziemlich antworten. Er war außerordentlich neugierig zu wissen, aus welcher Gegend des Landes ich käme, und wie ich gelernt hätte vernünftige Geschäfte nachzuahmen, weil die Yahoos, — deren ich, wie er sagte, in allen sichtbaren Theilen als an Kopf, Gesicht und Händen gliche, — ungeachtet einiges Scheine von Arglist, und einer außerordentlichen Neigung Böses zu thun, die ungelehrigsten unter allen vernünftigen Thieren wären. Ich antwortete, daß ich aus einem fernen Lande jenseit des Meeres mit vielen andern meines Gleichen in einem hohlen aus Baumstämmen verfertigten Gefäße hergekommen sey; daß meine Gefährten mich an dieser Küste ausgesetzt, und mich dann meinem Schicksale überlassen hätten. Es kostete mir viel Mühe, ihm dieses, selbst mit Hülfe vieler Zeichen, begreiflich zu machen. Er antwortete, daß ich mich sehr irren müste, oder wirklich ein Ding sagte, das nicht wäre (denn in ihrer Sprache findet sich kein Wort, um den Begriff Lüge oder Falschheit auszudrücken). Es sey unmöglich, daß jenseit des Meeres ein anderes Land sey, oder daß etliche unvernünftige Thiere eine hölzerne Maschiene nach ihrem Belieben auf dem Wasser regieren könnten. Er sey überzeugt, daß weder ein Houyhnhnms eine solche Maschiene machen, noch ein Yahoo sie regieren könnte.

Das Wort Houyhnhnm bedeutet in ihrer Sprache ein Pferd, und eigentlich die Vollkommenheit der Natur. Ich sagte meinem Herrn, es fehle mir jetzt noch an hinlänglichen Ausdrücken, ihm dies deutlicher zu erklären, hoffte aber bald zu dieser Vollkommenheit zu gelangen, und dann würde ich ihm Wunderdinge sagen. Er befahl hierauf seiner Gattin, seinen beiden Fohlen, und seinem Gesinde mir bei jeder Gelegenheit Unterricht zu ertheilen, er selbst unterrichtete mich täglich ein Paar Stunden. Das überall verbreitete Gerücht von einem wunderbaren Yahoo, der wie ein Houyhnhnm redete und in seinen Worten und Handlungen einige Spuren von Vernunft blicken ließe, zog verschiedene vornehme Pferde, beiderlei Geschlechts aus unserer Nachbarschaft in unser Haus. Sie fanden ein Vergnügen darin, sich mit mir zu unterhalten, fragten mich um manches, und ich antwortete ihnen so gut ich konnte. Durch alle diese Vortheile machte ich solche Fortschritte, daß ich in fünf Monaten nach meiner Ankunft alles was gesprochen wurde, verstand, und mich ziemlich gut ausdrücken konnte.

Die Houyhnhnms, welche meinen Herrn besuchten, um mich zu sehen, und mit mir reden zu können, wollten es nicht glauben, daß ich ein bloßer Yahoo wäre, indem mein Leib ein von den übrigen Yahoos ganz verschiedene Bedeckung hätte. Sie wunderten sich, daß ich, Kopf, Gesicht und Hände ausgenommen, ganz andere Haare, und eine ganz andere Haut hätte. Aber ein Zufall, der sich ohngefähr vierzehn Tage vorher ereignete, verursachte, daß ich dies Geheimniß meinem Herrn entdeckte.

Ich habe meinem Leser bereits gesagt, daß ich mich alle Abend, wenn die Familie und das Gesinde zu Bette gegangen waren, mich auszuziehen, und mich mit meinen Kleidern zu bedecken pflegte. Einst ließ mich mein Herr durch seinen Bedienten den Fuchs sehr frühzeitig rufen. Der Fuchs fand mich noch im festen Schlafe, meine Kleider waren von mir gefallen, und das

Hemd hatte sich bis über dem Nabel hinaufgeschoben. Ich erwachte über dem Geräusche, das er machte, und bemerkte, daß er seinen Auftrag sehr verwirrt vorbrachte. Bei seiner Rückkunft stattete er, voll Schrecken über das, was er gesehen hatte, seinem Herrn einen sehr verwirrten Bericht ab. Ich entdeckte dies sogleich; denn als ich mich angekleidet hatte, und meinem Herrn die Aufwartung machte, fragte er mich um das, was sein Bediente gesehen hätte: daß ich nämlich, wenn ich schliefe, ein ganz anderes Wesen sey, als ich zu andern Zeiten zu seyn schien, daß sein Bediente ihn versichert habe, ich wäre an einem Theile weiß, an einem andern gelb, wenigstens nicht so weis, und an einigen braun.

Bisher hatte ich das Geheimniß von meiner Kleidung und zwar so viel als möglich wegen meiner Aehnlichkeit mit den verdammten Geschlechte der Yahoos verhehlt. Aber jetzt sah ich, daß ich dies nicht länger konnte. Außerdem überlegte ich, daß meine Kleider und Schuh beständig mehr abnutzen würden, und daß ich sie auf irgend eine Art durch Häute der Yahoos ersetzen müste, wodurch alsdann das Geheimniß bald Jedermann bekannt werden würde. Ich sagte daher meinem Herrn, daß in dem Lande, aus welchem ich käme, alle Geschöpfe meiner Gattung sich mit den zubereiteten Haaren anderer Thiere bedeckten, und zwar theils aus Ehrbarkeit, theils um sich vor Frost und Hitze zu verwahren, wovon ich ihn in Ansehung meiner vollkommen überzeugen könnte, wenn er es befohle. Nur müste er mir erlauben, daß ich diejenigen Theile, welche die Natur uns zu verbergen gelehrt hätte, nicht aufdeckte. Er sagte, daß ihm alles, was ich ihm gesagt, und auch das letzte ganz seltsam schiene. Er könne nicht begreifen, warum die Natur uns verbiethen könne, etwas zu verbergen, was sie uns gegeben. Er und seine Leute schämten sich keines Theiles ihres Leibes. Ich könnte aber hierin thun, was mir beliebte. Nun knüpfte ich meinen Rock auf, und zog ihn aus. Eben so macht' ich es mit meiner Weste, meinen Schuhen, Strümpfen und Beinkleidern. Ich ließ mein Hemd bis auf die Hüften herab fallen, und band es wie einen Gürtel um die Mitte des Leibes, um meine Mannheit zu bedecken.

Mein Herr sah diesem Aus- und Anziehen voll Neugierde und Verwunderung zu. Er nahm alle meine Kleidungsstücke eins nach dem andern mit dem vordersten Fesselgelenke in die Höh, und untersuchte sie sorgfältig. Er streichelte sanft meinen Körper, besah mich auf allen Seiten, und sagte dann, es sey offenbar, daß ich ein vollkommener Yahoo sey, und mich von den andern meiner Gattung nur darin unterschiede, daß meine Haut viel sanfter, weißer und zärter wäre, daß ich an verschiedenen Theilen meines Körpers keine Haare hätte, daß meine Vorder- und Hinterpfoten anders gestaltet und kürzer wären, daß ich keine so lange Klauen hätte, und endlich, beständig auf meinen Hinterfüßen aufrecht zu gehen suchte. Er verlangte nichts weiter zu sehen, und erlaubte mir, mich wieder anzukleiden, indem ich bereits vor Frost zu zittern anfieng.

Ich gab ihm nun mein Mißvergnügen zu erkennen, daß er mich so oft einen Yahoo nennte, ein Thier, vor welchem ich einen so großen Ekel und Abscheu hegte. Ich bat ihn, mich mit dieser Benennung zu verschonen, und in seinem Hause, wie auch bei seinen Freunden, die ihn besuchten, und denen er mich sehen ließe, für ein Gleiches zu sorgen. Ich bat ihn auch, das Geheimniß von meiner Kleidung niemanden zu entdecken, wenigstens so lange nicht, als meine Kleidung halten würde. Was seinen Bedienten, den Fuchs anbetraf, so möchte er demselben befehlen, von dem, was er gesehen hätte, nirgend etwas zu erwähnen.

Mein Herr war so gefällig, mir alles dies zu versprechen, und so blieb das Geheimniß verschwiegen, bis meine Kleider kahl zu werden anfiengen, und ich genöthigt wurde, dieselben durch andere zu ersetzen, wie ich in der Folge am gehörigen Orte erzählen werde. Er bat mich indeß, allen möglichen Fleiß anzuwenden, die Landessprache zu erlernen, denn er wunderte sich über meinen Verstand, und über meine Fähigkeit zu reden mehr, als über die Gestalt oder Nacktheit meines Körpers, denn er sehne sich nach dem Augenblick, die Wunder zu hören, die ich ihm zu erzählen versprochen. — Er selbst gab sich doppelte Mühe, mich zu unterrichten, führte mich in alle Gesellschaften, wo man mich sehr höflich behandelte, weil er jedem gesagt hatte, daß ich dadurch vergnügt und lustig würde.

Alle Tage widmete er hiezu, wenn ich zu ihm kam, ein Paar Stunden, und dabei fragte er mich um manches, welches ich ihm, so gut als ich konnte, beantwortete. Auf diese Art bekam er einige allgemeine, obgleich nur sehr unvollkommene Begriffe. Ich würde langweilig werden, wenn ich alle die verschiedenen Umstände, wodurch ich zu einer größern Vollkommenheit in der Sprache gelangte, um ein ordentliches Gespräch fortsetzen zu können, einzeln anführen wollte. Das erste, was ich ihm indeß

von

von meinen Angelegenheiten in einer gewissen Ordnung berichten könnte, war folgendes:

„Ich wäre, wie ich ihm einmal gesagt hätte, mit noch funfzig meiner Gattung aus meinem Lande abgereiset, und zwar in einer großen hölzernen Maschiene, größer als sein Haus. Ich machte ihm von dem Schiffe eine so deutliche Beschreibung, als möglich, und breitete mein Schnupftuch aus, um ihm zu erklären, wie es vom Winde wäre fortgetrieben worden. Ein unter uns entstandener Streit hätte meine Gefährten bewogen, mich an dieser Küste auszusetzen, und ich wäre fortgegangen, ohne zu wissen wohin, bis er mich von der Verfolgung lber abscheulichen Yahoos befreiet hätte. Auf die Frage, wer das Schiff gemacht, und wie es möglich sey, daß die Houhnhnms meines Landes die Regierung desselben unvernünftigen Thieren hätten überlassen können, antwortete ich: daß ich in meiner Erzählung nicht weiter fortfahren könnte, als bis er mich auf seine Ehre würde versichert haben, nicht böse zu werden. Nur dann würde ich ihm die schon oft versprochenen Wunder erzählen können." Dies versprach er, und ich fuhr fort, ihm zu betheuren, „daß Geschöpfe, wie ich, das Schiff gemacht hätten, daß solche Geschöpfe in meinem Vaterlande sowohl als in allen Ländern, die ich durchreiset, die einzigen herrschenden, vernünftigen Wesen wären, und daß ich bei meiner Ankunft hier, eben so sehr erstaunt gewesen, die Houyhnhnms mit Vernunft begabt zu sehen, als er und seine Freunde es nur ja seyn könnten, wenn sie an einem Thiere, daß sie Yahoo zu nennen beliebten, Spuren von Vernunft entdeckten. Diesen gliche ich zwar in einigen Stücken, allein sie wären eine ganz eigene Art unvernünftiger Thiere. „Wenn ich einmal," setzte ich ferner hinzu: „so glücklich seyn sollte, mein Vaterland wieder zu sehen, und alsdann, wie ich mir vorgenommen hätte, meine Abentheuer bekannt machen würde, so würde Jeder glauben, ich sagte das Ding, das nicht ist, und sich einbilden, ich hätte ein Märchen ausgeheckt. Jeder würde (mit allem Respekt, den ich Ihnen, mein Herr, Ihrer Familie und Ihren Freunden schuldig bin, und unter dem Versprechen, daß Sie nicht böse werden wollen) es nicht für möglich halten, daß es ein Land in der Welt gäbe, wo die Houyhnhnms als vernünftige Geschöpfe herrschten, und die Yahoos unvernünftige Thiere wären.

Viertes Kapitel.

Begriffe der Houyhnhnms von Wahrheit und Falschheit. Der Verfasser kommt in seiner Erzählung auf einige Punkte, worüber sein Herr empfindlich wird. Zuletzt macht er von seinen Angelegenheiten und seinen Abentheuern demselben eine umständlichere Erzählung.

Mein Herr wurde bei meiner Erzählung sichtbar verwirrt, weil zweifeln und nicht glauben in diesem Lande so unbekannte Dinge sind, daß die Einwohner sich unter solchen Umständen nicht zu benehmen wissen. Ich erinnere mich, daß ich einmal in einer mit ihm über die Beschaffenheit der Menschen in andern Ländern gehaltenen Unterredung der Lügen und falschen Darstellungen erwähnte, und viele Mühe anwenden mußte, um ihm begreiflich zu machen, was ich eigentlich meinte, ob er gleich Kopf genug hatte. Der Zweck der Sprache, meinte er nämlich, sey, sich einander seine Gedanken zu erkennen zu geben, und von geschehenen Dingen sich zu unterrichten, aber dieser Zweck höre auf, wenn Jemand das Ding sagte, was nicht wäre,

weil ich alsdann nicht sagen könnte, daß ich ihn
verstünde, und die Absicht mich zu unterrichten,
würde so wenig erreicht, daß es besser wäre,
ich wüste gar nichts, indem ich nicht verleitet
würde, schwarz für weiß, und kurz für lang
zu halten. Dies waren die Begriffe, die sich
mein Herr von der Kunst zu lügen machte, einer
Kunst, worauf sich die Menschen so gut verstehen, und die allgemein unter ihnen im Gebrauch ist.

Doch wieder auf unser Gespräch zu kommen. — Meine Versicherung, daß die Yahoos
die allein herrschenden Geschöpfe in meinem Lande wären, gieng über alle seine Vorstellung. Er
fragte mich, ob wir Houyhnhnms unter uns
hätten, und womit sie sich beschäftigten. Ich
sagte ihm, daß wir sehr viele hätten, daß sie im
Sommer auf den Weiden mit Gras, und im
Winter mit Haber und Heu im Hause gefüttert
würden, daß man Yahoos hielte, die als
Knechte ihnen die Mähnen kämmen, sie striegeln,
ihnen Futter geben, und ihr Lager zurecht machen müsten. — Ich verstehe, sagte hierauf
mein Herr, und aus allem ist ganz offenbar,
daß die Houyhnhnms, so vernünftig auch die
Yahoos in deinem Lande auch seyn wollen, doch
ihre Herren sind. Ich wünschte, unsere Yahoos
wären eben so gefällig gegen uns, wie die deini-

gen. Ich bat ihn, mir zu verzeihen, wenn ich in meiner Erzählung nicht weiter fortführe, weil ich überzeugt wäre, daß solche seiner Erwartung gar nicht entsprechen, sondern ihm sehr unangenehm seyn würde. Allein er bestand darauf, daß ich ihm das Uble eben so wie das Angenehme sagen möchte. Ich erwiederte, daß ich seinem Befehle gehorchen würde.

„Unsere Houyhnhnms," fieng ich an: „die man bei uns Pferde nennt, sind, ich gesteh' es, die edelsten und schönsten Thiere, die wir haben. Sie übertreffen an Stärke und Geschwindigkeit alle übrigen. Gehören sie vornehmen Herren, und werden zu Reisen, oder beim Wettlauf oder Ziehen der Wagen gebraucht, so behandelt man sie mit äußerster Sorgfalt und sehr gütig, bis sie krank oder steif werden, alsdann werden sie verkauft, und zu allerlei schlechten Arbeiten gebraucht, bis sie sterben, worauf man ihnen, um noch etwas zu gewinnen, die Haut abzieht, und den übrigen Körper den Hunden oder den Vögeln zum Fraß hinwirft. Die gemeinen Pferde trifft kein so gutes Loos, indem sie gemeiniglich Bauern, oder Fuhrleuten und andern gehören, welche sie zu schwererer Arbeit gebrauchen und schlechter füttern. Ich beschrieb ihm so gut als möglich, unsere Kunst zu reiten, und zu fahren, die Gestalt eines Zaumes, Zügels, Sattels, der Sporen, einer Peitsche, der Pferdegeschirre und Wägen, und setzte noch hinzu, daß wir Platten von einem gewissen Metall, welches wir Eisen nennten, unter ihre Hufe befestigten, um solche vor dem Abnutzen auf harten gepflasterten Wegen zu bewahren.

Mein Herr, den über diese Nachricht einige unwillkührliche Aeußerungen des Unwillens entschlüpften, wunderte sich über die Kühnheit, auf dem Rücken eines Houyhnhnms zu steigen. Er sey versichert, daß der schwächste Bediente in unserm Hause den stärksten Yahoo abwerfen, oder beim Niederlegen und Umwälzen dieses Thier zerquetschen würde. Ich erwiederte, daß unsere Pferde schon im dritten und vierten Jahre zu den Verrichtungen, wozu wir sie bestimmten, gewöhnt würden. Die, welche man nicht gut zähmen könnte, würden zu schwerem Fuhrwerk gebraucht, und in ihrer Jugend für jeden Fehler sehr streng gezüchtigt; die Hengste, welche man zum Reiten oder Ziehen brauchen wollte, würden gewöhnlich im zweiten Jahre nach ihrer Geburt kastrirt, um ihr Feuer zu dämpfen und sie zahmer und biegsamer zu machen. Sie wären für Belohnung und Bestrafung empfindlich. Er möchte aber hiebei nur in Erwägung ziehen, daß sie nicht den geringsten Funken von Vernunft besäßen, und in diesem Stücke keinen Vorzug vor den Yahoos dieses Landes hätten.

Ich hatte zuweilen vieler Umschreibungen nöthig, um meinem Herrn von dem, was ich sagte, einen gehörigen Begriff zu machen, denn die Landessprache war an Worten sehr arm, weil die Houyhnhnms weit weniger Bedürfnisse und Leidenschaften als wir haben. Der Unwille, den er über unsre harte Behandlung der Houyhnhnms empfand, war unbeschreiblich, vorzüglich nachdem ich ihm den Gebrauch des Kastrirens erklärt hatte, und warum es geschähe, daß sie nämlich dadurch unfähig wären, ihr Geschlecht fortzupflanzen, und eben darum desto fähiger zum Dienst würden. — Wenn es möglich sey, sagte er, daß irgend ein Land existire, wo die Yahoos die einzigen vernünftigen Geschöpfe wären, so müßten sie nothwendig Beherrscher desselben seyn, weil die Vernunft jederzeit über eine bloß thierische Stärke die Oberhand behielte. Betrachtete man aber die Bildung ihrer Körper, und vorzüglich des meinigen, so glaube er, kein Geschöpf von gleicher Größe sey so unschicklich gebauet, um das was die Vernunft ihn bei den mancherlei Vorfällen des menschlichen Lebens riethe, gehörig auszuführen. Er wünschte daher zu wissen, ob die Geschöpfe, unter denen ich gelebt hätte, mir oder den Yahoos seines Landes mehr glichen. Ich versicherte ihn, daß ich so gut als irgend einer von meinem Alter gebildet sey, jüngere Personen und Frauenzimmer wären aber viel zärter und weicher, und die Haut der letztern gewöhnlich so weis wie Milch. Er gestand, daß ich von andern Yahoos wirklich mich unterscheide, indem ich reinlicher und besser gestaltet sey, allein, sähe man auf die Nutzbarkeit, so glaubte er, hätten sie Vorzüge vor mir. Meine Nägel an den Vorder- und Hinterfüßen wären mir nichts nütze: auch könne er meine Vorderfüße eigentlich nicht einmal so nennen; indem er mich noch nie auf denselben hätte gehen sehen. Sie wären auch für den harten Boden viel zu weich. Ich gienge gemeiniglich mit denselben unbedeckt, und wenn ich sie auch zuweilen bedeckte, so hätte diese Decke doch nicht die Gestalt, und wäre auch nicht so stark, wie die Decke der Hinterfüße. Ich könnte nicht mit gehöriger Sicherheit gehen, denn wenn einer von meinen Hinterfüßen ausglitschte, so müste ich unfehlbar fallen. Er fand auch an andern Theilen meines Körpers Mängel. Mein Gesicht schien ihm zu flach, meine Nase zu stark hervorragend, und meine Augen zu tief in der Stirn, daß ich mich nicht umsehen könnte, ohne mich zugleich umzudrehen. Ich könnte nicht anders, als ohne Mithülfe eines Vorderfußes essen, und müßte mit denselben beständig die Speisen dem Munde zuführen. Er wüste gar nicht, wozu die mancherlei Spaltungen und Gelenke an den Hinterfüßen nützten, die zu zart wären, um so bloß, ohne von der Haut eines andern Thieres bedeckt zu seyn, auf harten und spitzigen Steinen fortkommen zu können. Mein ganzer Körper bedürfe gegen Hitze und Kälte einer Bedeckung, die ich täglich mit Mühe und Beschwerde aus und anziehen müste. Endlich habe er bemerkt, daß alle übrigen Thiere gegen die Yahoos einen natürlichen Widerwillen hätten, daß die Schwächern vor ihnen flöhen, und die Stärkern sie verjagten. Wären wir nun vernünftige Geschöpfe, so sähe er nicht ein, wie es möglich wäre, daß man diesem natürlichen Widerwillen aller Thiere gegen uns abhelfen könnte, oder daß wir sie zahm und dienstbar machten. Doch er wollte, fuhr er fort, diese Sache nicht länger bestreiten; er wünsche lieber, meine Geschichte zu wissen, und von dem Lande, wo ich gebohren, und von den Schicksalen und Begebenheiten meines Lebens vor meiner Ankunft in diesem Lande einige Kenntniß zu erhalten.

Ich versicherte ihn, daß ich mir ein Vergnügen daraus machen würde, seine Neugierde in allem zu befriedigen: ich zweifelte aber, ob seines Landes mehr glichen. Ich versicherte ihn, daß ich so gut als irgend einer von meinem Alter gebildet sey, jüngere Personen und Frauenzimmer wären aber viel zärter und weicher, und die Haut der letztern gewöhnlich so weis wie Milch. Er gestand, daß ich von andern Yahoos wirklich mich unterscheide, indem ich reinlicher und besser gestaltet sey, allein, sähe man auf die Nutzbarkeit, so glaubte er, hätten sie Vorzüge vor mir. Meine Nägel an den Vorder- und Hinterfüßen wären mir nichts nütze: auch könne er meine Vorderfüße eigentlich nicht einmal so nennen; indem er mich noch nie auf denselben hätte gehen sehen. Sie wären auch für den harten Boden viel zu weich. Ich gienge gemeiniglich mit denselben unbedeckt, und wenn ich sie auch zuweilen bedeckte, so hätte diese Decke doch nicht die Gestalt, und wäre auch nicht so stark, wie die Decke der Hinterfüße. Ich könnte nicht mit gehöriger Sicherheit gehen, denn wenn einer von meinen Hinterfüßen ausglitschte, so müste ich unfehlbar fallen. Er fand auch an andern Theilen meines Körpers Mängel. Mein Gesicht schien ihm zu flach, meine Nase zu stark hervorragend, und meine Augen zu tief in der Stirn, daß ich mich nicht umsehen könnte, ohne mich zugleich umzudrehen. Ich könnte nicht anders, als ohne Mithülfe eines Vorderfußes essen, und müßte mit denselben beständig die Speisen dem Munde zuführen. Er wüste gar nicht, wozu die mancherlei Spaltungen und Gelenke an den Hinterfüßen nützten, die zu zart wären, um so bloß, ohne von der Haut eines andern Thieres bedeckt zu seyn, auf harten und spitzigen Steinen fortkommen zu können. Mein ganzer Körper bedürfe gegen Hitze und Kälte einer Bedeckung, die ich täglich mit Mühe und Beschwerde aus und anziehen müste. Endlich habe er bemerkt, daß alle übrigen Thiere gegen die Yahoos einen natürlichen Widerwillen hätten, daß die Schwächern vor ihnen flöhen, und die Stärkern sie verjagten. Wären wir nun vernünftige Geschöpfe, so sähe er nicht ein, wie es möglich wäre, daß man diesem natürlichen Widerwillen aller Thiere gegen uns abhelfen könnte, oder daß wir sie zahm und dienstbar machten. Doch er wollte, fuhr er fort, diese Sache nicht länger bestreiten; er wünsche lieber, meine Geschichte zu wissen, und von dem Lande, wo ich gebohren, und von den Schicksalen und Begebenheiten meines Lebens vor meiner Ankunft in diesem Lande einige Kenntniß zu erhalten.

Ich versicherte ihn, daß ich mir ein Vergnügen daraus machen würde, seine Neugierde in allem zu befriedigen; ich zweifelte aber, ob ich auch im Stande seyn möchte, mich über verschiedene Gegenstände, die ihm ganz unbekannt wären, gehörig zu erklären, weil hier im Lande nichts ähnliches vorhanden wäre, um es damit vergleichen zu können. Ich wollte indeß mein möglichstes thun, und mich bemühen, alles durch Gleichnisse auszudrücken, er möchte nur die Güte haben, und mir, wenn es mir an Worten mangeln sollte, dabei zurecht zu helfen, welches er auch versprach.

Ich erzählte ihm also, daß ich von guten ehrlichen Aeltern in einer Insel, die man England nennte, geboren wäre, und daß diese Insel von seinem Lande so weit entfernt läge, daß der stärkste von seinen Bedienten bei täglichen Reisen erst in einem Jahre dahin kommen würde. Ich sey ein Wundarzt, dessen Geschäft darin bestünde, Wunden oder Schäden, die der Körper entweder durch Zufall oder Gewalt erhalten, zu heilen. Mein Land würde dermalen von einer Frau beherrscht, die wir Königin nennten. Ich hätte mein Vaterland verlassen, um Reichthümer zu suchen, womit ich nach meiner Rückkunft mir und meiner Familie ein gemächliches Leben hätte verschaffen wollen. Auf meiner letzten Reise wär' ich Befehlshaber eines Schiffs gewesen, und hätte funfzig Yahoos unter meinem Befehle gehabt, von denen viele auf dem Meere gestorben wären; wodurch ich genöthiget worden, ihre Stellen durch andere zu ersetzen, die ich bei verschiedenen Nationen angeworben hätte. Unser Schiff wäre zweimal in Gefahr gewesen, unterzusinken, das erstemal im Sturm, das zweitenmal durch einen Stoß an eine Klippe.

Hier unterbrach mich mein Herr, und fragte, wie ich nach den erlittenen Verlusten und nach so vielen ausgestandenen Gefahren Fremde von verschiedenen Nationen hätte bereden können, sich mit mir aufs Meer zu wagen. Ich erwiederte, daß es Leute gewesen, die ihr Vermögen verlohren gehabt, und entweder aus Armuth oder wegen begangener Verbrechen genöthigt gewesen wären, ihr Vaterland zu verlassen. Einige hätten ihr Vermögen durch Rechtshändel eingebüßt, andere es durch Saufen, Huren und Spielen verschwendet, andere hätten gesucht, der Verrätherei, oder Desertion des Mordes, Diebstahls, der Giftmischerei, des Meineids, Betrugs, falscher Geldmünzerei, der Nothzucht, Sodomiterei und anderer Verbrechen wegen den Händen der Gerechtigkeit zu entfliehen. Die meisten hätten ihre Gefängnisse erbrochen gehabt, und keiner hätte es wagen dürfen in seine Heimath zurückzukehren, ohne aufgeknüpft oder auf ewig in einem Kerker geworfen zu werden; sie wären also gezwungen gewesen, ihren Unterhalt in andern Ländern zu suchen.

Mein Herr unterbrach mich in meiner Rede einigemal. Ich versuchte manche Umschreibung, ihm von der Beschaffenheit verschiedener Verbrechen, wodurch die Meisten von meinem Schiffsvolke ihr Vaterland hätten fliehen müssen, einen Begriff zu machen. Wir sprachen verschiedene Tage über diesen Gegenstand, ehe er mich verstehen konnte: und dann konnte er nicht begreifen, welchen Vortheil man durch Begehung solcher Verbrechen zu erreichen hoffte, oder ob es unvermeidliche Nothwendigkeit sey, sie zu begehen. Um ihm dies deutlich zu machen, gab ich mir Mühe, ihm einige Begriffe von der Begierde nach Reichthum und Macht, von den schrecklichen Folgen der Lustseuche, der Unmäßigkeit, Bosheit und des Neides beizubringen, indem ich zugleich mit den Umschreibungen mancherlei Fälle annahm, Voraussetzungen machte, wobei er, gleich einem Menschen, dessen Einbildungskraft durch Dinge gerühret wird, von denen er weder etwas gehört noch gesehen hat, seine Augen voll Erstaunen und Unwillen in die Höhe hob. Für Macht, Regierung, Krieg, Gesetze, Strafe und tausend andere Dinge waren in der Landessprache keine eigene Worte vorhanden, und es verursachte daher beinah unendliche Mühe, ihm von dem, was ich meine, richtige Vorstellungen zu verschaffen. Da er aber vortreflichen und durch Nachdenken und Umgang sehr geübten Verstand hatte, so gelangte er endlich zu einer ziemlichen Kenntniß von dem, was die menschlichen Fähigkeiten in unserm Welttheile hervorzubringen im Stande sind, und er bat mich also, ihm von dem Lande, welches wir Europa nennen, vorzüglich von meinem eignen Vaterlande eine umständliche Nachricht mitzutheilen.

Fünftes Kapitel.

Der Verfasser schildert seinem Herrn den Zustand Englands. Von den Ursachen der Kriege unter den Europäischen Mächten. Schilderung der Verfassung Großbrittaniens.

Der Leser beliebe sich hier vorerst zu merken, daß das Folgende der Hauptinhalt einer Menge Unterredungen ist, die ich zu verschiedenen Zeiten mit meinem Herrn während zwei Jahren gehabt habe; denn je größre Fortschritte ich in der Houyhnhnmschen Sprache machte, desto mehr wünschte mein Herr seine Wißbegierde zu befriedigen. Ich schilderte ihm also, so gut ich konnte, den dermaligen Zustand von Europa; sprach mit ihm vom Handel und von Manufakturen, von Künsten und Wissenschaften, und die Antworten, die ich ihm auf alle Fragen ertheilte, gaben uns unerschöpflichen Stoff zu Unterredungen. Allein ich will hier nur den kurzen Inhalt von dem anführen, was zwischen uns über mein Vaterland gesprochen wurde, und zwar in möglichster Ordnung, ohne auf Zeit und Umstände Rücksicht zu nehmen, sondern nur einzig bei der Wahrheit zu bleiben. Ich befürchte nur, daß ich die Sätze und Ausdrücke meines Herrn nicht bestimmt genug werde geben können, weil sie wegen meines eigenen Unvermögens sowohl als überhaupt durch die Uebersetzung in unser barbarisches Englische verliehren müssen.

Um meines Herrn Wünsche zu befriedigen, erzählte ich ihm die Geschichte der Revolution unter dem Prinzen von Oranien, des langen Krieges, den dieser Prinz mit Frankreich führte, und den seine Nachfolgerin die jetzige Königin fortsetzte, in welchem die größten christlichen Mächte verwickelt wären, und der noch jetzt fortdauerte. Ich berechnete auf seine deshalb an mich gethane Frage, daß in diesem Kriege wohl eine Million Yahoos getödtet, vielleicht mehr als hundert Städte erobert, und wohl fünfhunderte Schiffe verbrannt oder versenkt worden wären.

Er fragte mich, was dann die gewöhnlichen Ursachen oder Beweggründe der Kriege wären. Ich antwortete, daß es deren unzählige gäbe, wovon ich ihm nur die vorzüglichsten anführen wollte. Manchmal wäre es der Ehrgeiz, die Herrschsucht und der Stolz der Fürsten, die beständig darnach trachteten, mehr Länder und Völker zu beherrschen und zu regieren, manchmal schlechte Minister, welche, um die Klagen der Unterthanen über schlechte Staatsverwaltung auf einen andern Gegenstand zu leiten, den Fürsten in einen Krieg verwickelten. Verschiedenheit der Meinungen hätten schon vielen Millionen Menschen das Leben gekostet, wie z. B. ob Fleisch Brod, oder Brod Fleisch wäre? ob der Saft einer gewissen Beere Wein oder Blut sey? ob es lasterhaft oder tugendhaft sey, zu pfeifen*)? ob es nützlicher sey ein Stück Holz zu küssen oder ins Feuer zu werfen? ob weis, schwarz, roth oder grau die beste Farbe zu einem Kleide sey? ob dasselbe lang oder kurz, eng oder weit, rein oder schmutzig seyn müste? u. dergl. Und keine Kriege wären auch wütender, blutiger und von längerer Dauer als jene,

*) Kirchenmusik.

welche über die Verschiedenheit der Meinungen, vorzüglich in gleichgültigen Dingen entstünden.

Manchmal, fuhr ich fort, entsteht auch zwischen zwei Fürsten ein Streit, wer von ihnen einem dritten seiner Länder berauben soll, woron doch beide kein Recht haben. Manchmal bekriegt einer ten andern, um ihm zuvorzukommen, weil er fürchtete, von ihm bekriegt zu werden. Zuweilen wird ein Krieg angefangen, weil der Feind zu mächtig, ein andermal, weil er zu schwach ist. Zuweilen fehlt unserm Nachbarn, was wir haben, oder er hat, was uns fehlt, und dann schlagen wir uns so lange, bis er uns das unsrige nimmt, oder das seinige giebt. Es ist keine ungerechte Sache, ein Land anzufallen, dessen Einwohner von Hunger entkräftet, von Seuchen größtentheils aufgerieben, oder durch innerliche Parteien entzweiet sind. Es ist nichts ungerechtes, seinen nächsten Bundesgenossen zu bekriegen, wenn eine von seinen Städten oder ein gewisses Stück Land uns bequem liegt, um unsere Besitzungen dadurch zu runden, oder die Grenzen fester zu machen. Gefällt es einem Fürsten, Truppen in ein Land rücken zu lassen, wo das Volk arm und unwissend ist, so kann er die Hälfte davon tödten, und die übrigen zu Sklaven machen, um sie entweder zu einem ge-

sitte-

sittetern Volke zu bilden, und von ihrer rohen
Lebensart zu entwöhnen. Nichts ist königlicher,
ehrenvoller und gewöhnlicher, als daß ein Fürst,
der von einem andern gegen einen Feind zu Hülfe
gerufen wird, nach Vertreibung des Feindes,
sich des Landes, aus welchem er ihn vertrieben
hat, zu bemächtigen, und den Fürsten, dem er
zu Hülfe kam, zu morden, oder gefangen zu
setzen, oder zu vertreiben. Blutsfreundschaft
oder Heirathen geben oft Anlaß zu einem Kriege
zwischen zwei Fürsten, und je näher ihre Verwandschaft ist, desto größer ist ihre Neigung
zum Streit. Arme Nationen sind hungrig und
reiche sind stolz, Hunger und Stolz vertragen
sich aber nie mit einander. Aus diesem Grunde
hält man den Soldatenstand für den ehrenvollsten; denn ein Soldat ist ein Yahoo, der deswegen besoldet wird, um so viele Yahoos, als
möglich, ob sie ihn gleich nicht beleidigt haben,
mit kaltem Blute zu tödten.

Es giebt auch eine Art armer Fürstlein, die,
zu schwach selbst Kriege zu führen, ihre Truppen
an reichere Mächte gegen einen gewissen Sold
vermiethen, und drei Theile von diesem Sold
für sich behalten, und dies ist auch ihr beträchtlichstes Einkommen. Dergleichen Fürsten giebt

es vorzüglich in den nördlichen Gegenden von Europa.

Was du mir von dem Kriegswesen erzählt hast, sagte mein Herr, zeigt in der That, was für Wirkungen die Vernunft, auf die ihr Ansprüche macht, unter euch hervorbringt. Es ist indeß ein Glück, daß die Schande hiebei größer als die Gefahr ist, und daß die Natur euch zu wenig Vermögen gegeben hat, euch Schaden zu thun. Eure Mäuler liegen zu flach auf dem Gesichte, daß ihr euch einander nicht gut beißen könnt, oder ihr müstet euch gutwillig beißen lassen. Eure Vorder- und Hinterfüße sind so kurz und zart, daß einer von unsern Yahoos ein Dutzend von euch vor sich hin treiben würde. Was du mir da von der Menge gesagt hast, die in Schlachten getödtet worden sind, so scheint es mir, als hättest du das Ding gesagt, das nicht ist.

Ich konnte mich über diese Unwissenheit des Lächelns nicht enthalten, und zugleich mit dem Kopfe zu schütteln. Da ich nun mit dem Kriegshandwerk ziemlich gut bekannt war, so machte ich ihm eine Beschreibung von unsern Kanonen, von Feldschlangen, Musketen, Karabinern, Pistolen, Kugeln, Pulver, Schwerdtern, Bajonettern, Belagerungen, Schlachten, Angriffen und Rückzügen, Minen und Gegenminen, Bombardierungen, und Seeschlachten, von Schiffen, die mit tausend Mann versenkt worden, von Schlachten, wo auf beiden Seiten zwanzigtausend Mann geblieben wären; vom Röcheln der Sterbenden, von Gliedern, die in der Luft fliegen, von dem Rauche, dem Geschrei, der Verwirrung; daß so viele von Pferden zertreten würden, von der Flucht, vom Verfolgen, vom Siege, von Schlachtfeldern mit Leichen bedeckt, die Hunden, Wölfen, Raubvögeln zum Fraß dienten, vom Plündern, Nothzüchtigen, vom Verwüsten durch Feuer und Schwert. — Und um auch die Tapferkeit meiner Landsleute zu preisen, versicherte ich ihn, daß ich mit eignen Augen gesehen, wie sie in Seeschlachten und Belagerungen wohl auf hundert Menschen in die Luft gesprengt hätten, die dann zur großen Belustigung der Zuschauer in Stücken zerstümmelt aus der Luft wieder herabgefallen wären.

Ich wollte in meiner Erzählung fortfahren, als mein Herr mir Stillschweigen gebot. Er sagte. „Wer die Natur der Yahoos kennte, der würde leicht glauben, daß dies häßliche Thier, wenn es eben so stark und listig als boshaft wäre, aller von mir erwähnten Handlungen leicht fähig sey. Meine Erzählung hätte seinen Widerwillen gegen diese Geschöpfe noch vermehrt, und in ihm eine gewisse noch nie empfundne Unruhe des Gemüths hervorgebracht. Er fürchte, daß seine Ohren, nachdem sie solche schändliche Worte gehört, sich allmählig gewöhnen möchten, sie mit weniger Abscheu anzuhören. Doch rechne er den Yahoos seines Landes, ob er gleich sie haßte, ihre häßlichen Eigenschaften eben so wenig zu, als er einem Onnayhy (einem Raubvogel) seine Grausamkeit oder einem Steine die scharfe Spitze zurechne, woran er sich den Huf verletze. Wenn aber Geschöpfe, die sich der Vernunft rühmten, solcher schrecklichen Thaten fähig wären, so fürchtete er, die Verderbtheit dieser so sehr geschätzten Fähigkeit wäre schlimmer als die Unvernunft. Er glaube daher, daß wir statt der Vernunft nur mit einer gewissen Gabe versehen wären, unsere natürlichen Fehler zu vermehren; so wie ein bewegtes Wasser das Bild eines häßlichen Körpers nicht nur größer, sondern auch häßlicher zurückwerfe. Vom Kriege," setzte er hinzu: „habe er in dieser und in einigen vorigen Unterredungen schon zu viel gehört. Jetzt wünsche er sich von einer andern Sache zu unterrichten, in die er sich nicht finden könne. Ich habe ihn erzählt, daß einige von meinen Schiffsleuten ihr Vaterland verlassen hätten, weil sie bei Rechtssachen ihr Vermögen verlohren. Ich

habe ihm nun zwar ſchon das Wort Recht er⸗
klärt, er begreife aber nicht, wie eben das Recht,
welches unſere Erhaltung und unſern Wohlſtand
zum Zweck habe, unſer Verderben werden könne.
Er wünſchte daher zu wiſſen, was ich eigentlich
unter Recht, Rechtsſache, und Rechtsſach⸗
waltern verſtünde, weil er glaube, daß Natur
und Vernunft vernünftigen Geſchöpfen, wie
wir doch ſeyn wollten, hinlänglich zeigten, was
wir zu thun, und was wir zu laſſen hätten.

Ich verſicherte ihn, daß dies Recht der
Gegenſtand einer Wiſſenſchaft ſey, worin ich
nicht ſehr bewandert wäre: ich hätte mich nur
einſt wegen eines erlittenen Unrechts vergeblich
des Beiſtandes der Sachwalter bedient: indeß
wollte ich ihm, ſo viel als ich könnte hierin zu
befriedigen ſuchen.

Es giebt, fieng ich an, unter uns eine Ge⸗
ſellſchaft Leute, die von ihrer Jugend an in der
Kunſt erzogen werden, mittelſt einer Menge
Wörter, je nachdem ſie bezahlt werden, zu be⸗
weiſen, daß weiß ſchwarz, und ſchwarz weiß
ſey. Alle übrigen Leute hängen nun von dieſer
Geſellſchaft ganz ab. Wenn z. B. meinem
Nachbar nach meiner Kuh gelüſtet, ſo miethet
er ſich einen Advokaten, der beweiſen ſoll, daß
meine Kuh ihm gehöre. Ich miethe mir als⸗
dann einen andern, der mein Recht vertheidigt,

weil es wider alle Rechtsordnung streitet, für
seine eigne Sache zu sprechen. Aus diesem
Grunde nun hat mein Gegner zwei Vortheile
vor mir, als Eigenthümern, voraus. Erstlich,
ist mein Anwald von Jugend auf daran gewöhnt,
Unwahrheit zu vertheidigen, kommt er nun in
dem Fall, Gerechtigkeit zu vertheidigen, so befindet er sich ganz außer seinem Elemente, es ist
für ihn ein ganz unnatürliches Geschäft, das er
jederzeit mit vieler Ungeschicklichkeit, wenn nicht
gar mit Widerwillen, verrichten wird. Zweitens muß mein Anwald mit großer Vorsichtig-
keit verfahren; sonst würde er sich Verweisen von
den Richtern aussetzen, und von seinen Amts-
brüdern als ein Pfuscher, der sie um Kundschaft
brächte, verabscheuet werden. Es giebt daher
nur zwei Mittel, meine Kuh zu behalten, nämlich entweder meines Gegners Anwald zu beste-
chen, der alsdann, um seinen Klienten zu betrügen, vor Gericht behaupten wird, daß sein
Klient Recht habe, oder mein eigner Anwald
muß meiner Sache den möglichsten Anschein von
Ungerechtigkeit geben, und sogar eingestehen,
daß meinem Gegner die Kuh gehöre. Weis er
dies nun auf eine geschickte Art vorzutragen, so
kann er des Beifalls der Richter versichert seyn.
Diese Richter sind aber dazu angestellt, die
Streitigkeiten über Eigenthumsrechte, und auch

Kriminalsachen zu entscheiden; sie werden aus den geschicktesten Anwälden, die entweder zu alt oder schlaff geworden sind, und ihr ganzes Leben gegen Wahrheit und Billigkeit gefochten haben, gewählt, und befinden sich also in der fatalen Nothwendigkeit, Betrug, Meineid, und Unterdrückung des Rechts begünstigen zu müssen. Ich habe einige dieser Herren gekannt, die eher ein ansehnliches Geschenk von der Partei, die Recht hatte, ausschlugen, als daß sie den Richterstuhl durch eine Handlung beschimpft hätten, die ihrer ganzen Natur und ihrem Amte so sehr zuwider war. Es ist ein unter den Rechtsgelehrten ein einmal angenommener Grundsatz, daß, was einmal geschehen, auch rechtmäßiger Weise wieder geschehen könne, und zu dem Ende tragen sie alle gegen Gerechtigkeit und gegen die gesunde Vernunft gefällte Urtheile sorgfältig zusammen, und führen sie unter dem Namen entschiedener Rechtsfälle, als so viele Gründe an, die unsinnigsten Meinungen zu rechtfertigen, und die Richter gehen nie von dieser Weise ab.

Bei dem Streite selbst suchen sie der Hauptsache beständig auszuweichen, und halten sich beständig unter vielem Getöse und entsetzlichem Toben bei Nebendingen auf, die zu Entscheidung der Hauptsache gar nichts helfen. So verlangen sie z. B. in dem oben angeführten Falle nicht zu wissen, was für Ansprüche mein Gegner auf meine Kuh habe, sondern ob sie roth oder schwarz sey? kurze oder lange Hörner habe? ob der Platz, worauf sie weide, viereckigt oder rund sey, ob sie auf der Weide oder im Hause gemelkt werde? welche Mängel sie habe, und dergl. Hiebei ziehen sie nun entschiedene Fälle zu Rathe, und zerren die Streitsache so in die Länge, bis es endlich nach zehn, zwanzig oder dreißig Jahren zu einem Endurtheil kommt.

Hiebei muß man noch merken, daß diese Herren sich eines eigenen Kauderwelsches bedienen, das kein anderer Mensch, als sie versteht. In diesem Kauderwelsch sind auch alle Gesetze und Verordnungen geschrieben, deren Vermehrung sie sich sorgfältig angelegen seyn lassen, und dadurch haben sie den eigentlichen wahren Begriff von Wahrheit und Falschheit, Recht und Unrecht so verwirrt, daß vielleicht kaum dreißig Jahre hinreichen würden, zu entscheiden, ob mein Ackerfeld, das meine Vorfahren schon seit sechs Menschenaltern mir hinterließen, mir oder einem Fremden, der dreihundert Meilen davon entfernt ist, angehöre.

Bei Leuten, die Staatsverbrechen beschuldigt werden, dauert die Entscheidung bei weitem nicht so lange. Der Richter erforscht zuerst die

Gesinnungen der Großen, und alsdann kann er nach allen Rechtsformalitäten den Beklagten entweder hängen oder frei lassen.

Hier unterbrach mich mein Herr, und sagte, es wäre Jammerschade, daß Geschöpfe von so außerordentlicher Geschicklichkeit, wie die Rechtsgelehrten meiner Beschreibung nach seyn müsten, nicht aufgemuntert würden, andere in Wissenschaften und Kenntnissen zu unterrichten. Ich versicherte ihn aber, daß sie außer den Grenzen ihres Gewerbes die unwissendsten und dümmsten von unserm Geschlechte, die unerträglichsten Gesellschafter, die geschworensten Feinde aller Wissenschaften und anderer gelehrten Kenntnisse, und immer bereit wären, bei jedem Gegenstande, wovon die Rede sey, den gesunden Menschenverstand eben so zu verwirren, als sie es in ihrem Geschäfte gewohnt wären.

Sechstes Kapitel.

Fortgesetzte Beschreibung der Verfassung von England. Karakter eines Staatsministers an Europäischen Höfen.

Mein Herr konnte noch nicht ganz den Grund einsehen, wodurch dies Geschmeiß der Anwälde bewogen werden könnte, sich selbst so zu verwirren, zu beunruhigen, zu ermüden, und gleichsam in einen Bund der Ungerechtigkeit zu treten, um Geschöpfe von ihrer Gattung zu unterdrücken; eben so wenig konnte er auch begreifen, was ich unter einen Anwald miethen verstünde. — Ich muste mir nun sehr viel Mühe geben, ihm den Gebrauch des Geldes, den Stoff, woraus es gemacht würde, und den verschiedenen Werth der Metalle zu beschreiben, und ihm zu erklären, daß ein Yahoo, der einen großen Vorrath dieser kostbaren Sache besitze, sich die prächtigsten Kleider, die herrlichsten Häuser, schöne Ländereien, die köstlichsten Speisen und Getränke, die artigsten Weiber von der Welt, mit einem Worte alles sich anschaffen könne, wozu ihn die Begierde reize. Weil nun durch Geld alle dergleichen Dinge zu bewirken sind, so glauben unsere Yahoos, sie könnten von dieser Sache nie genug sich verschaffen, um entweder solches zu verthun oder aufzuhäufen, je nachdem sie entweder zur Verschwendung oder zum Geiz geneigt wären. Ich erzählte ihm ferner, wie die Reichen von den Früchten der Arbeit der Armen lebten, und daß man gegen einen Reichen tausend Arme zählen könne. Der größte Theil unseres Volks lebte auf eine armselige Weise, und sey gezwungen, für einen sehr geringen Lohn zu arbeiten, um einigen Wenigen Ueberfluß zu verschaffen. Diese und noch viele andere Dinge setzte ich weitläuftig aus einander, aber mein Herr fragte dessenungeachtet dabei bald nach diesem bald nach jenem. Er setzte nämlich voraus, daß alle Thiere und vorzüglich diejenigen, die andere beherrschten, gerechten Anspruch auf alle Erzeugnisse der Erde hätten, und war also begierig zu wissen, worin diese köstlichen Speisen bestünden, und wie es käme, daß einige Mangel daran litten. Nun beschrieb ich ihm eine Menge Gerichte, so wie sie mir beifielen, die verschiedene Art und Weise, sie zuzubereiten, wozu man eine Menge Sachen bedürfe, die man, so wie auch Getränke, mit Schiffen aus allen Welttheilen zusammenhohlen müßte. Ich versicherte ihn, daß zu Herbeischaffung des Frühstücks eines unserer weiblichen Yahoos die ganze Erde wohl dreimal hätte umsegelt werden müssen.

Er meinte, es müsse ein sehr armseliges Land seyn, welches seinen Bewohnern nicht einmal hinlängliche Nahrung verschaffen könnte. — Worüber er sich aber am meisten wunderte, war, wie es solchen weitläuftigen Ländern, als ich ihm beschrieben hätte, an frischem Wasser fehlen könnte, daß die Einwohner ihr Getränk aus fernen Ländern übers Meer hohlen müsten. Ich erwiederte ihm, daß England, mein Geburtsland, wenigstens dreimal mehr hervorbrächte, als die Einwohner verzehren könnten; daß man aus dem Getraide sowohl als aus den Früchten gewisser Bäume vortrefliche Getränke zöge, und daß es sich mit allen übrigen Gemächlichkeiten des menschlichen Lebens eben so verhielte. Um nun aber den Luxus und die Unmäßigkeit der Männer und die Eitelkeit der Weiber zu befriedigen, verschickten wir den größten unserer eignen nothwendigen Landeserzeugnisse in fremde Länder, um dagegen Sachen einzutauschen, welche Stoff zu Krankheiten mit sich führten, und unsern Thorheiten und Lastern Nahrung verschafften. Daher käme es, daß ein großer Theil meiner Landsleute genöthigt würde, durch Betteln, Rauben, Stehlen, Betrügen, Kuppeln, Schmeicheln, Meineid, Spielen, Lügen, Fuchsschwänzen, Prahlen, Sternkucken, Giftmischen, Huren, Verläumden, Angeben, Pasquillen machen, und andere solche Beschäftigungen seinen Unterhalt zu suchen. Von allen diesen Wörtern muste ich ihr wieder weitläuftige Erklärungen machen, welches mir sehr viel Mühe verursachte.

Man führt den Wein, sagte ich, aus fremden Ländern nicht deshalb in unser Land ein, weil wir an Wasser oder andern Getränken Mangel leiden, sondern weil er uns, indem er sich unserer Sinne bemächtiget, fröhlich macht, alle schwermüthige Gedanken verscheucht, das Gehirn mit ausschweifenden Bildern der Fantasie anfüllt, unsere Hoffnungen erhöhet, unsere Furcht vertreibt, und uns einige Zeit des Gebrauchs der Vernunft und unserer Glieder beraubt, bis wir in einen tiefen Schlaf versinken, aus welchem wir aber, wie Jeder gestehen wird, allezeit krank und mismüthig erwachen. Auch bringt der häufige Gebrauch dieses Getränkes eine Menge Beschwerden hervor, die unser Leben beunruhigen und verkürzen.

Außer diesem ernährt sich der größte Theil des Volks auch dadurch, daß er den Reichen, sowohl als wechselseitig sich, die Bedürfnisse und Bequemlichkeiten des Lebens herbeischafft. Wenn ich z. B. in meinem Vaterlande bin, und mich nach der Mode ankleiden will, so trage ich an meinem Leibe die Arbeit von hundert Handwerkern. Mein Haus, mein Geräthe erfodern eben so viele Hände, und um meine Frau herauszuputzen, haben sich noch fünfmal mehr Hände beschäftigen müssen. Ich erzählte ihm auch noch von einer andern Gattung Leute, die sich von Heilung der Krankheiten ernährten, denn ich hatte ihm schon einigemal gelegentlich gesagt, daß ich einen Theil meines Schiffsvolks durch Krankheiten eingebüßt. Aber hier hatte ich wieder große Mühe, ihm verständlich zu machen, was ich meinte. Er konnte leicht begreifen, daß ein Houyhnhnm kurze Zeit vor seinem Tode schwach und entkräftet werden, oder sich durch einen Zufall verletzen könnte. Daß aber die Natur, die alles so vollkommen als möglich machte, in unserm Körper nur irgend schmerzliche Empfindungen erzeugen könnte, hielt er für eine unmögliche Sache, und wünschte von diesem ihm unerklärbaren Uebel die Ursache zu wissen. Ich antwortete ihm, daß wir uns tausenderlei Dinge zu unserer Nahrung bedienen, welche auf eine ganz entgegengesetzte Art wirkten. Wir äßen, wenn wir nicht hungrig wären, und tränken, ohne durstig zu seyn. Wir säßen ganze Nächte hindurch, und tränken die stärksten Getränke ohne das Geringste zu essen, welches uns träge machte, unsere Eingeweide entzündete, und die gehörige Verdauung störte. Liederliche weibliche Yahoos bekämen gewisse Krankheiten, welche in den Knochen derer, die in den Armen dieser Weibsbilder schwelgten, Fäulniß erzeugten. Diese Krankheiten pflanzten sich oft vom Vater auf den Sohn fort, so daß schon eine Menge Kinder mit schweren Uebeln gebohren würden. Ich würde nicht fertig werden, wenn ich ihm ein vollständiges Verzeichniß aller der Krankheiten, denen der menschliche

Körper unterworfen wäre, machen wollte. „Jedes Glied," sagte ich, ist wenigstens fünf bis sechshundert Krankheiten unterworfen, kurz, alle Theile des menschlichen Körpers, innere und äußere, haben ihre eigenthümlichen Krankheiten, und diese zu heilen, giebt es eine eigene Gattung Leute, die sich mit der Kunst zu heilen beschäftigen, wenigstens sich derselben rühmen. Da ich nun mit dieser Kunst ziemlich bekannt bin, so wollte ich ihm das ganze Geheimniß dieser Kunst, und die Art und Weise, wie sie ausgeübt wird, entdecken.

Der Grund aller Krankheiten, sagen diese Herren, ist Ueberfüllung, und hieraus folgern sie nun, daß eine Ausleerung des Körpers, sie geschehe nun unterwärts durch den natürlichen Weg, oder nach oben hin durch den Mund, durchaus nothwendig sey. Sie verfertigen daher aus Kräutern, Mineralien, Gummi, Oehl, Schaalen, Salzen, Säften, Koth, Baumrinden, Schlangen, Kröten, Fröschen, Spinnen, Fleisch und Knochen von todten Menschen, Vögeln, Thieren und Fischen eine dem Geruch und Geschmack nach so abscheuliche ekelhafte und widrige Komposition, als nur möglich, daß sich der Magen vor Ekel und Grauen augenblicklich derselben entladet, und diese Komposition nennen sie Brechmittel oder Vomitiv. Machen sie aus dem nämlichen eben genannten Magazine eine andere mit einigen giftigen Zusätzen vermischte Komposition, und wir müssen solche nach der Laune des Arztes von oben oder von unten zu uns nehmen, so nennen sie es Purganz oder Klystir, eine Arzenei, die für die Gedärme eben so nachtheilig als widrig ist, sie erschlafft, und alle darin befindliche Sachen niederwärts treibt. Da die Natur, wie die Aerzte behaupten, die obere vordere Oeffnung einzig zum Einstecken dichter und flüßiger Materien, und die untere zum Auswerfen derselben bestimmt hat, so haben diese gelehrten Männer nach reiflicher Ueberlegung, daß bei allen Krankheiten die Natur aus ihrem eigentlichen Sitze getrieben wird, es für gut befunden, daß man den Körper auf eine ganz entgegengesetzte Art behandeln und den Gebrauch beider Oeffnungen mit einander vertauschen müsse, und demnach zwängt man dickes und dünnes in den Hintern hinein, und befördert durch den Mund die Ausleerungen.

„Außer diesen wirklichen Krankheiten giebt es auch noch eine Menge, die in bloßer Einbildung bestehen: für welche daher die Aerzte auch Mittel erfunden haben, die nur in der Einbildung wirken. Von diesen Krankheiten hat jede ihren eigenen Namen, und auch ihre eigene

Arze-

Arzenei.. Diesen letztern Krankheiten sind unsere weiblichen Yahoos beständig unterworfen."

„Die größte Geschicklichkeit eines Arztes besteht nur in der Kunst, vorherzusagen, eine Kunst, die ihnen selten fehl schlägt. Bei wirklichen Krankheiten, verkündigen sie, wenn solche zu einem gefährlichen Grade kommt, gemeiniglich den Tod, den sie auch immer, die Genesung aber nie, in ihrer Gewalt haben. Zeigen sich daher einige unerwartete Merkmale der Besserung, wenn sie den Tod vorher verkündiget haben, so wissen sie, um nicht für falsche Propheten gehalten zu werden, ihre Einsichten durch eine zu rechter Zeit angebrachte Dosis auf die geschickteste Art zu rechtfertigen."

So leisten sie auch Eheleuten, die sich wechselseitig einander überdrüssig sind, den erstgebohrnen Söhnen, „großen Staatsministern, und oft auch Fürsten vortrefliche Dienste." —

Ich hatte zwar schon bei verschiedenen Gelegenheiten mit meinem Herrn über Regierungen überhaupt, und auch über unsere vortrefliche Regierungsverfassung, die mit Recht die Bewunderung der ganzen Welt ist, Unterredungen gehabt. Da ich aber hier zufälliger Weise der Staatsminister erwähnte, so fragte mein Herr mich, was ich eigentlich unter Staatsministern für eine Gattung von Pathoos verstünde.

Ich sagte ihm daher, daß der erste Minister ein gegen Freude und Traurigkeit, gegen Liebe und Haß, Mitleiden und Zorn ganz unempfängliches Wesen sey, und von weiter keiner andern Leidenschaft als von einer unerstättlichen Begierde nach Reichthum, Macht und Ansehn beherrscht würde; der sich seiner Zunge zu allen Absichten, nur nicht zu Offenbarung der Gedanken seines Herzens bediente, der nie eine Wahrheit als nur in der Absicht sagte, daß man sie für eine Lüge halten sollte; daß die, von denen er hinterrücks am schlechtesten spräche, von ihm gewiß befördert, und die, welche er ins Gesicht oder in ihrer Abwesenheit lobte, gestürzt würden. Das schlimmste Zeichen für Jemanden sey, wenn er ihm ein Versprechen mache, oder es gar mit einem Eide bekräftige, alsdann zöge sich der Weise zurück, und gäbe alle Hoffnung auf.

Es giebt aber drei Wege, fuhr ich fort, auf welchen Jemand zu der Stelle eines Staatsministers gelangen kann. Erstlich muß man sein Weib, seine Tochter oder seine Schwester mit Klugheit zu verhandeln wissen, oder zweitens seinen Vorgänger betrügen und ihn stürzen, oder drittens in öffentlichen Gesellschaften mit rasendem Eifer gegen die Verderbnisse des Hofes los-ziehen. Ein kluger Fürst indeß wird am liebsten diejenigen sich auswählen, die sich des letzten Kunstgriffes bedienen, indem dergleichen Eiferer allezeit am geschmeidigsten und willigsten sich unter den Willen und die Launen ihrer Herren bücken. Diese Minister nun können, da sie alle Aemter zu vergeben haben, durch Bestechungen den größten Theil der Staatsversammlung auf ihre Seite ziehen, sich gegen alle Nachahmung durch eine Indemnitätsakte, (deren Beschaffenheit ich ihm erklärte) schützen, und alsdann mit dem Raube der ganzen Nation davon gehen.

Der Pallast eines ersten Ministers ist die Schule, worin andere in gleichen Künsten unterrichtet werden. Die Pagen, Lackeien, Portiere werden durch Nachahmung dieser Herren Staatsminister in ihrem Wirkungskreise, und zeichnen sich durch die drei Haupttugenden großer Minister, durch Stolz, Lügen und Bestechlichkeit aus. Dadurch wird ihr Kreis selbst ein kleiner Hof, und Personen vom ersten Range wenden sich an diese arme Wichte, die es durch Verschlagenheit und Unverschämtheit oft dahin bringen, daß sie allmählig durch stufenweises Aufsteigen am Ende selbst Nachfolger ihrer Herren werden.

Uebrigens läßt sich der Minister gewöhnlich von einer alten Hure oder von einem Kammerdiener beherrschen. Dies sind die eigentlichen Kanäle, durch welche alle Begünstigungen fließen, und diese kann man daher im engern Verstande die eigentlichen Regierer des Königreichs nennen.

Eines Tages hörte mein Herr, daß ich des Adels erwähnte, und machte mir daher ein Kompliment, welches ich nicht verdiente, indem er glaubte, daß ich aus einer vornehmen Familie sey, weil ich an Gestalt, Farbe und Reinlichkeit alle Yahoos seines Landes überträfe, ob ich gleich denselben an Stärke und Behendigkeit nicht gleich zu kommen schien, wovon die von andern unvernünftigen Thieren ganz verschiedene Lebensart die Ursache seyn müsse, und dabei besäße ich nicht nur die Fähigkeit zu reden, sondern äußerte auch solche Spuren von Vernunft, welche alle seine Landsleute in Verwunderung setzte.

Er machte mich auch auf den Unterschied unter den Houyhnhnms aufmerksam, indem die ganz Weißen, die Füchse, Lichtgraue, von den Braunen, Apfelschimmeln und Rappen sich in manchen auszeichneten, und nicht so viel Geistesfähigkeit und Geschicklichkeit hätten. Sie blieben daher auch beständig in dienstbarem Stande, und begatteten sich nicht außerhalb ihres Gleichen, eine eheliche Verbindung mit ihnen würde für unnatürlich und abscheulich gehalten.

Ich dankte meinem Herrn für die gute Meinung, die er von mir hatte, und versicherte ihm zugleich, daß ich aus keiner adelichen Familie abstammte, daß aber meine Aeltern gute, arme, ehrliche Leute gewesen wären, die mir eine gute Erziehung gegeben hätten. Unser Adel, sagte ich, wäre etwas ganz anders, als er sich vorstellte. Unsere Junker würden von Kindesbeinen an im Müssiggange und Wohlleben erzogen. Kaum fängt bei ihnen der Bart an durchzustechen, so verschwenden sie schon ihre Kräfte in den Umarmungen geiler Weibsbilder, und ziehen sich häßliche Krankheiten zu. Haben sie ihr Vermögen durchgebracht, so heirathen sie ein eben so häßliches, eben so ungesundes Fräulein oder ein Frauenzimmer von bürgerlichem Stande, wenn es nur Geld hat, und sie es noch so sehr hassen und verachten. Aus solchen Ehen kommen wieder gewöhnlich angesteckte, krüppelhafte und häßliche Kinder, und dies ist die Ursache, daß so eine adliche Familie mit dem dritten oder vierten Gliede ausstirbt, außer wenn etwa ein Weib, um die Familie fortzupflanzen Lust bekömmt, unter ihren Nachbarn oder ihren Bedienten sich einen Vater zu gesunden Kindern auszusuchen. Ein schwächlicher kranker Körper, ein sieches Ansehn, eine fahle Gesichtsfarbe sind die untrüglichsten Kennzeichen des Adels. Ein gesundes starkes Ansehn ist für einen Kavalier so nachtheilig, daß Jedermann daraus schließt, ein Stallknecht oder Kutscher sey sein Vater gewesen.

Mit den Gebrechlichkeiten und Fehlern des Körpers stehen die der Seele in gleichem Verhältniß. Spleen, Dummheit, Unwissenheit, Eigensinn, Wollust und Hochmuth sind die geistigen Bestandtheile des Adels.

Und doch kann ohne Bewilligung dieses erlauchten Körpers kein Gesetz entworfen, aufgehoben oder verändert werden. Diese adlichen Herren entschieden über all unser Eigenthum, ohne uns eine Appellation an höhere Gerichte zu gestatten.

Siebentes Kapitel.

Des Verfassers große Vaterlandsliebe. Anmerkungen seines Herrn über des Verfassers Schilderung der Staatsverfassung und Regierung von England. Vergleichungen mit andern ähnlichen Fällen. Betrachtungen seines Herrn über die menschliche Natur.

Der Leser wird sich vielleicht wundern, wie ich es über mein Herz bringen konnte, von meinen

7. Kap. Des Verf. große Vaterlandsliebe.

Mitmenschen eine solche Schilderung zu machen; und zwar gegen eine Gattung von Geschöpfen, die wegen der großen Aehnlichkeit zwischen mir und ihren Yahoos bereits schon geneigt war, von dem menschlichen Geschlechte das Schlimmste zu denken. Aber ich muß gestehen, daß die vielen Tugenden dieser vortreflichen vierfüßigen Thiere in Vergleichung mit der Verderbniß des menschlichen Geschlechts mir die Augen so weit geöfnet und meine Einsichten so vervollkommt hatten, daß ich die Handlungen und Leidenschaften der Menschen in einem ganz andern Lichte zu betrachten anfieng, und glaubte, daß die Ehre meines eignen Geschlechts gar keine Schonung verdiene. Es war mir dies auch um so weniger möglich, da ich mit einem so scharfsinnigen Verstande zu thun hatte, der mich täglich tausend Fehler in mir selbst entdecken ließ, die ich vorher nie an mir bemerkt hatte, und die bei uns nicht einmal unter die menschlichen Schwachheiten gezählt werden. Ich hatte ebenfalls durch das Beispiel meines Herrn den äußersten Widerwillen gegen Falschheit und Verstellung gefaßt, und die Wahrheit schien mir so liebenswürdig, daß ich ihr alles aufopferte.

Um aber auch gegen den Leser aufrichtig zu seyn, so muß ich gestehen, daß noch ein weit wichtigerer Grund mich bestimmte, in meiner Schilderung so freimüthig zu seyn. Ich war kaum ein Jahr in diesem Lande gewesen, als ich die Einwohner schon so liebte und schätzte, daß ich mich entschloß, nie wieder zu den Menschen zurückzukehren, sondern die noch übrigen Tage meines Lebens unter diesen vortreflichen Houyhnhnms in Betrachtung und Ausübung der Tugend zuzubringen, wo keine Beispiele und Anreizungen zum Bösen vorhanden wären. Allein das Schicksal, welches mir nie günstig war, wollte nicht, daß ich dieses Glücks theilhaft werden sollte. Indeß tröste ich mich jetzt, daß ich meine Landsleute, was ich auch von ihnen sage, geschont, und ihre Fehler vor einem so scharfsichtigen Beobachter, wie mein Herr, so wenig als möglich verkleinert, und jedem Dinge eine möglichst günstige Wendung gegeben habe. Wo ist wohl ein Mensch, der sich von der Liebe und Parteilichkeit gegen sein Vaterland nicht leiten ließe.

Ich habe zwar den Inhalt verschiedener zwischen mir und meinem Herrn während der Zeit, daß ich die Ehre hatte, in seinen Diensten zu seyn, vorgefallenen Unterredungen erzählt, allein ich habe der Kürze wegen noch weit mehr weggelassen, als ich bis jetzt aufgesetzt habe.

Nachdem ich alle seine Fragen beantwortet hatte, und seine Neugierde vollkommen befriedigt zu seyn schien, ließ er mich früh morgens zu sich kommen, und erlaubte mir, mich in einer kleinen Entfernung niederzusetzen, eine Ehre, die mir bisher noch nicht widerfahren war.

Ich habe, fieng er an: „über alles, was du mir sowohl von dir selbst, als von deinem Vaterlande erzähltest, sehr ernsthafte nachgedacht, und ihr scheint mir eine Art Thiere zu seyn, denen durch irgend einen Zufall etwas Verstand zu Theile geworden ist, wovon ihr aber keinen andern Gebrauch zu machen wißt, als eure natürlichen Verderbnisse zu vergrößern, und sie mit noch andern Gebrechen, womit euch die Natur verschonte, zu vermehren. Ihr beraubt euch selbst der wenigen Fähigkeiten, welche die Natur euch gab, bestrebt euch eure natürlichen Bedürfnisse zu vervielfältigen, und verschwendet, um diese durch neue Erfindungen zu befriedigen, euer ganzes Leben in eiteln Bemühungen. Was dich anbetrifft, so hast du weder die Stärke noch die Geschwindigkeit des gemeinsten Yahoo, du gehst unsicher auf deinen Hinterfüßen, beschneidest dir die Nägel, die dir zur Vertheidigung dienen, und schneidest vom Kinn das Haar, welches dich vor Sonne und Wetter schützen sollte. Endlich kannst du weder so geschwind noch so geschickt laufen, wie deine Brüder (so nannte er sie) die Yahoos. — Eure Regierungen und Gesetze entspringen offenbar aus dem großen Mangel an Vernunft, und folglich auch an Tugend; denn die Vernunft ist allein schon hinreichend, vernünftige Geschöpfe zu regieren. Allein zufolge der Erzählung, die du mir von beiden Landsleuten gemacht hast, so könnt ihr auf dies Vorrecht keinen Anspruch machen, ob du mir gleich, wie ich sehr deutlich sah, manches was zu ihrem Nachtheile seyn konnte, verschwiegst, und oft das Ding sagtest, welches nicht ist.

Was ihn in seiner Meinung noch mehr bestärkte, fuhr er fort, wäre theils die große Aehnlichkeit meiner Bildung mit den Yahoos, ausgenommen in den Punkten, wo es mir zum größten Nachtheile diente, als in Ansehung der Stärke, Geschwindigkeit, Gelenkigkeit, der Kürze der Klauen und anderer Stücke, woran die Natur keinen Antheil hätte. Die Yahoos, sagte er, haßten die Thiere einer andern Gattung nicht so sehr, als sie sich einander haßten; und man führte zur Ursache gewöhnlich die Häßlichkeit ihres Körpers an, die jeder an dem andern, nur an sich selbst nicht bemerkte. Er selbst habe daher anfangs die Gewohnheit, daß wir unsere Körper bedeckten, für Klugheit gehalten, um durch diese Erfindung viele von unsern häßlichen Mängeln zu verbergen, die Widerwillen und Abscheu in uns erwecken würden; allein jetzt finde er, daß er sich geirrt habe, und daß die Zwistigkeiten unter den Yahoos aus eben den Gründen entsprängen, aus welchen die unter uns, die ich ihm beschrieben hätte, herrührten. Würfe man z. B. fünf Yahoos so viel Futter hin, daß funfzig davon satt werden könnten, so würden sie statt friedlich zu fressen, sich einander bei den Ohren packen. Jeder will alles für sich allein haben. Daher müßte auch, wenn sie auf dem Felde gefüttert würden, beständig ein Knecht bei ihnen seyn, und zu Hause müßte man sie in einer Entfernung von einander anbinden. Sterbe eine Kuh vor Alter oder Krankheit, ehe ein Houyhnhnm sie für seine eigenen Yahoos in Sicherheit gebracht hätte, so liefen die benachbarten Yahoos in großen Schaaren zusammen, sich der gefallenen Kuh zu bemächtigen, und dann entstünde eben so ein Gefecht, wie die Gefechte der Yahoos meines Landes, die ich ihm beschrieben; sie verwundeten sich mit ihren Klauen einander schrecklich, ob sie sich gleich selten mordeten, da sie keine solche tödtliche Werkzeuge hätten, wie wir. Zuweilen lieferten sie auch Schlachten, ohne daß man eigentlich die Ursache davon angeben könnte; die Yahoos der einen Gegend lauerten immer auf die Gelegenheit, die einer andern Gegend unversehens zu überfallen. Mißglückt ihnen Ihr Plan, so kehren sie nach Hause zurück, und in Ermangelung auswärtiger Feinde fangen sie unter sich das an, was wir einen bürgerlichen Krieg nennen.

In gewissen Gegenden dieses Landes giebt es eine Art glänzender Steine von mancherlei Farben, in die unsere Yahoos äußerst verliebt sind. Sind diese Steine in der Erde verborgen, wie oft der Fall ist, so scharren sie Tage lang mit ihren Pfoten, um sie hervor zu kratzen, schleppen sie nach Hause, verbergen sie haufenweise in ihren Hölen, und blicken sorgfältig um sich herum, aus Furcht, ihre Kammeraden möchten ihre Schätze entdecken. — Mein Herr sagte, daß er den eigentlichen Grund dieser unnatürlichen Neigung, eben so wenig wie den Nutzen dieser Steine einsehen könnte, aber jetzt glaubte er, daß diese Neigung eben denjenigen Geiz zur Quelle habe, der nach meiner Beschreibung das Menschengeschlecht beherrschte. Er hatte einst, um einem Versuch zu machen, einen Haufen solcher Steine, die einer von seinen Yahoos verscharret, von dem verborgenen Orte hinweg nehmen lassen, worauf das Thier, bei Vermissung seines Schatzes so schrecklich zu jammern und zu heulen angefangen, daß die ganze Heerde zusammengelaufen. Der Yahoo habe die andern angefallen und gebissen, und weder essen noch trinken noch schlafen noch arbeiten wollen, bis der Knecht die Steine wieder heimlich an den Ort gelegt und verscharret hätte. Sobald der Yahoo die Steine wieder gefunden, wäre er wieder froh und munter geworden, hätte sie an einen neuen sichern Ort verscharret, und sey seit der Zeit ein gutes arbeitsames Thier.

Mein Herr versicherte mich bei dieser Gelegenheit, — welches ich auch selbst bemerkt hatte — daß in den Gegenden, wo diese glänzenden Steine gefunden werden, die hitzigsten und häufigsten Treffen wegen immerwährender Einfälle der benachbarten Yahoos geliefert werden.

Es geschieht auch wohl, sagte er: wenn zwei Yahoos irgendwo einen Stein finden, und darum streiten, wer von ihnen Eigenthümer werden soll, daß ein dritter den Vortheil wahrnimmt, und beiden während des Streits den Stein entreißt; ein Verfahren, welches, wie mein Herr sagte, große Aehnlichkeit mit unsern Rechtshändeln hätte. Ich hielt es fürs Beste, ihm hierin nicht zu widersprechen, weil sein Urtheil weit gerechter war, als viele Urtheilssprüche unserer Gerichtshöfe, und weil in gegenwärtigem Falle beide streitende Parteien weiter nichts zu verliehren hatten, als den Stein, um welchem sie stritten, dahingegen unsere Gerichtshöfe einen Prozeß so lange dauern lassen als die eine oder andere Partei noch irgend etwas im Vermögen hat. —

Nichts, fuhr mein Herr fort, macht die Yahoos verhaßter, als ihre unersättliche Gierigkeit, alles, was ihnen in den Weg kommt, zu verschlingen, Kräuter, Wurzeln, Beeren, faules stinkendes Thierfleisch, oder was es sonst giebt; sie fressen alles durcheinander. Etwas ihnen ganz eigenes ist auch, daß sie auf das, was sie durch Raub und Diebstahl aus der Ferne erhaschen können, weit begieriger sind, als auf ihr eignes Futter zu Hause. Ist ihr Raub groß, so fressen sie so lange, daß sie bersten möchten, worauf sie alsdenn eine Wurzel kauen, um ihren überfüllten Magen wieder auszuleeren.

Es giebt auch noch eine andre Wurzel, die sehr saftig, aber sehr schwer zu finden ist. Diese suchen die Yahoos mit großem Eifer, und saugen sie, wenn sie dieselbe finden, mit Lust aus. Der Saft hat auf sie den nämlichen Einfluß, den der Wein auf uns hat: manchmal umarmen, manchmal prügeln sie sich. Sie heulen, greinen, plappern, taumeln, fallen, und schlafen im Kothe ein.

Ich habe wirklich bemerkt, daß die Yahoos die einzigen Thiere dieses Landes waren, bei welchen Krankheiten statt fanden. Doch waren diese Krankheiten nicht so häufig als bei unsern

Pferden, und entstanden nicht aus der übeln Behandlung, sondern einzig aus ihrer Unmäßigkeit und Gefräßigkeit. Auch findet man in dieser Sprache nur eine einzige allgemeine Benennung dieser Krankheiten, die man nach dem Namen des Thiers gemacht hat, nämlich Huta-Yahoos oder Yahoo-Seuche, und die Arzenei dagegen besteht in einem Tranke aus ihrem eignen Koth und Urin, den man mit Gewalt in die Kehle gießt. Ich habe den glücklichen Erfolg davon so oft gesehn, daß ich ihn meinen Landesleuten als ein gewisses Heilmittel gegen alle Krankheiten die von Ueberfüllung des Magens entstehen, empfehlen kann, und aus wahrer Liebe zum allgemeinen Wohl empfehlen muß.

Was die Wissenschaften, Regierung, Künste, Manufakturen, und dergl. anbetrifft, so findet sich, wie mein Herr versicherte, zwischen den Yahoos in seinem und unserm Lande wenige oder vielmehr gar keine Aehnlichkeit. Er habe indeß seine Aufmerksamkeit nur auf das gerichtet, worin unsere Naturen übereinstimmen. Einige aufmerksame Hoühnhnhnms hätten indeß bemerkt, daß die meisten Heerden von Yahoos, so wie die Hirsche, einen Anführer hätten, der gemeiniglich an Häßlichkeit und boshaften Ränken alle andere überträfe; daß dieser An-

Führer allezeit einen Günstling bei sich hätte, der ihm so ähnlich wäre, als er nur einen finden könnte, und dessen Verrichtung darin bestünde, seines Herrn Füße und Hintern zu lecken, und die Yahoos Weibsen in seine Höle zu bringen; wofür ihn sein Herr manchmal mit einem Stücke Eselsfleisch belohnte. Ein solcher Günstling werde von der ganzen Heerde gehaßt, und um sicher zu seyn, entfernte er sich von der Seite seines Gebieters niemals. In dieser Stelle erhielte er sich auch so lange bis sich ein noch schlimmerer fände, worauf alsdann in dem Augenblick seiner Entlassung alle Yahoos dieser Gegend, Junge und Alte, Männliche und Weibliche unter Anführung seines Nachfolgers sich versammelten, um ihn mit ihrem Kothe von Kopfe bis zu den Füßen zu besudeln. In wie fern dies sich auf unsere Höfe, Günstlinge und Staatsminister anwende, dies, sagte mein Herr, würde ich wohl am besten bestimmen können.

Ich durfte es nicht wagen, diesem etwas hämischen Gleichniß zu erwiedern, welches den menschlichen Verstand noch unter dem Instinkt eines gemeinen Hundes herabsetzte, der doch Fähigkeit genug hat, unter einer Kuppel Hunde dem Laute des besten Jagdhundes zu unterscheiden, und ihm, ohne sich jemals zu betrügen, beständig zu folgen. —

Die Yahoos hätten auch noch einige andere merkwürdige Eigenschaften, wovon ich in meiner Schilderung der Menschen wenig oder gar keine Spuren bemerkt hätte. Diese Thiere hätten nämlich, wie viele andre, ihre Weibchen gemein, und unterscheiden sich nur dadurch, daß die Weibchen auch zur Zeit ihrer Trächtigkeit die Männchen zuließen, und daß die Männchen sich mit den Weibchen eben so heftig, als sie unter sich selbst herumzankten und schlügen: welches eine solche abscheuliche Rohheit und Wildheit verriethe, wie man sie unter keinen andern lebendigen Geschöpfen bemerkte. — Er müsse sich auch ferner über die sonderbare Neigung der Yahoos zur Unreinlichkeit und zum Schmutz wundern, da man doch bei allen übrigen Thieren vorzüglich einen Trieb zur Reinlichkeit bemerke.

Was die beiden ersten Beschuldigungen anbetrifft, so erwiederte ich darauf nicht das mindeste, weil ich zu Vertheidigung meines Geschlechts nicht ein Wort darauf zu antworten wuste, denn sonst würde ich, schon wegen meiner natürlichen Neigung dazu es nicht unterlassen haben. In Ansehung des letztern sonderbaren Punktes, hätte ich freilich die Ehre des menschlichen Ge-

schlechte sehr leicht vertheidigen können, wenn
nur ein einziges Schwein sich in diesem Lande
gefunden hätte. Allein unglücklicher Weise war
nicht ein einziges darin vorhanden. Ob man dem
gleich ein Schwein nicht so widrig riechen als einen
Yahoo, so ist dieses doch nicht so unsäuig als
jenes; und mein Herr würde dies selbst haben
eingestehen müssen, wenn er das ekelhafte Fressen, das Herumwälzen im Schlamme, und
das Schlafen dieses häßlichen Thiers im Kothe
gesehen hätte.

Mein Herr erwähnte noch einer andern
Eigenschaft, die seine Knechte bei einigen Yahoos wahrgenommen hatten, und die er sich gar
nicht erklären konnte. Zuweilen nämlich über-
fiele einen Yahoo eine seltsame Laune, daß er
nämlich in einen Winkel kröche, sich niederlegte,
heulte, seufzte, und alles, was ihm zu nahe
käme, von sich wegbisse. Eine solche Laune
wandelte einen Yahoo an, wenn er auch jung
und fett wäre, an Futter und Wasser gar keinen
Mangel litte, daher die Knechte gar keine Ursache angeben könnten, was ihm eigentlich fehle.
Das einzige Mittel dagegen wäre, ihn zu harter Arbeit anzuhalten, wodurch er unfehlbar wieder geheilt würde. Hier beobachtete ich aus
Parteilichkeit gegen mein Geschlecht ein tiefes
Stillschweigen, entdeckte aber hiebei die wahre

7. Kap. Des Verf. große Vaterlandsliebe.

Ursach des Spleens, womit nur Müssiggänger, Wollüstlinge und Reiche befallen würden, die alle geheilt werden würden, wenn man mit ihnen auf gleiche Art verführe.

Mein Herr hatte gleichfalls bemerkt, daß die weiblichen Yahoos oft hinter einem Hügel oder hinter einem Gebüsch stünden, und auf die jungen vorbeigehenden Mähnlichen Blicke würfen, bald sehen ließen, bald wieder versteckten, und viele seltsame Gebehrden und Grimassen machten, in welchen Augenblicken sich zugleich ein sehr beleidigender Geruch verbreite. Näherten sich die Männchen, so zielten sie zurück, blickten rückwärts und liefen unter verstellter Furcht nach einem bequemen Plätzchen, wohin die Männchen, wie sie wüsten, ihnen gewiß folgen würden.

Ließe sich ein fremdes Weibchen unter ihnen sehen, so versammelten sich drei, vier und mehrere, gafften, plapperten, grunzten um dasselbe herum, berochen es von allen Seiten und verließen es mit sichtbarem Ausdruck des Spottes und Hochmuthes.

Mein Herr mochte vielleicht über das, was er selbst bemerkt hatte, oder was ihm von andern gesagt worden war, in manchen einsamen Betrachtungen viel raffinirt haben. Indeß kann ich hiebei doch nicht ohne Erstaunen und Betrübniß denken, daß das weibliche Geschlecht durch einen natürlichen Instinkt zur Unzucht, Koketterie und Verläumdungssucht gereizt wird.

Ich erwartete alle Augenblicke, daß mein Herr die Yahoos auch jener unnatürlichen Begierden, die bei uns unter beiden Geschlechtern so gewöhnlich sind, beschuldigen würde; allein die Natur scheint ihnen hierüber keinen Unterricht ertheilt zu haben, und diese verfeinerten Vergnügungen sind in unserem Welttheile nur Wirkungen der verfeinerten Vernunft und der Künste.

Achtes Kapitel.

Der Verfasser erzählt noch verschiedene besondere Umstände von den Yahoos. Vortrefliche Eigenschaften der Houyhnhnms. Ihre Erziehung und Jugendübungen. Ihre allgemeinen Versammlungen.

Da ich die menschliche Natur besser kannte, als mein Herr, wie man leicht begreiflich finden wird, so war es mir nicht schwer, die Schilderung, die er von den Yahoos machte, auf mich und meine Landsleute anzuwenden. Ich glaubte daher durch eigene angestellte Beobachtungen noch mehrere Entdeckungen machen zu können, und bat meinen Herrn um die Erlaubniß, die Heerden der Yahoos in unserer Nachbarschaft besuchen zu dürfen, welches er mir auch gern erlaubte, da er überzeugt war, daß der Abscheu, den ich gegen diese Thiere hegte, mich vor aller Gefahr, von ihnen angesteckt zu werden, schützen würde; aber sein Bedienter, der Fuchs, ein sehr gutes und biederes Geschöpf, mußte mich jedesmal zur Deckung begleiten, weil ich ohne dessen Beistand ein solches Abentheuer nicht hätte wagen dürfen. Wie ich bei meiner Ankunft in diesem Lande von diesen häßlichen Thieren angefallen wurde, habe ich bereits erzählt, und es fehlte ein Paarmal nachher, als ich zufälliger Weise ohne meinen Degen spatzieren gieng, sehr wenig, so wäre ich in ihre Klauen gefallen. Ich habe auch Gründe zu glauben, daß sie wähnten, ich sey ein Geschöpf ihrer Gattung, und sie wurden in diesem Wahne dadurch noch mehr bestärkt, daß ich in Beisein meines Herrn oft meine Aermel aufstreifte, und ihnen meine nackten Arme und die bloße Brust zeigte. In solchem Falle kamen sie alsdann so nahe als sie es wagen durften, und machten mir, — wie gewöhnlich die Affen, — alles nach, wobei sie zugleich den heftigsten Haß gegen mich äußerten. So wird eine zahme Dole, welche ein rothes Käpchen und rothe Strümpfe trägt, von den wilden, wenn sie unter dieselben geräth, verfolgt. —

Die Yahoos sind von ihrem zartesten Alter an erstaunend geschwind; einmal gelang es mir aber doch, ein junges Männchen von drei Jahren zu fangen. Ich gab mir alle mögliche Mühe, es durch die schmeichelhaftesten Liebkosungen zu zähmen, allein die kleine Bestie schrie, kratzte, und biß so heftig um sich herum, daß ich genöthiget wurde, es laufen zu lassen: es war auch hohe Zeit, denn auf das Geschrei kam ein Haufen alter Yahoos herbei. Da sie aber das junge Thier in Freiheit, und den Fuchs bei mir sahen, so wagten sie es nicht uns zu nahe zu kommen. Das Fleisch von diesem jungen Thiere roch sehr widrig, ohngefähr so wie die jungen Füchse oder Wiesel riechen, aber doch noch widriger. Bald hätte ich einen Umstand vergessen, und vielleicht würde es dem Leser nicht unangenehm gewesen seyn, wenn ich denselben ganz weggelassen hätte. Das garstige Thier besudelte mich mit seinem Kothe, der aus einer gelben dünnen Materie bestand, und machte meine ganze Kleidung voll. Zu meinem Glück floß aber in der Nähe ein kleiner Bach, in welchem ich sie so gut als möglich wieder wusch, ob ich gleich vor meinem Herrn nicht eher wieder zu erscheinen wagte, als bis sie hinlänglich ausgelüftet waren.

Was ich von diesem Thiere gesehen und gehört habe, so ist es das ungelehrigste Geschöpf, und zu weiter nichts geschickt, als Lasten zu tragen und zu ziehen. Ich glaube aber doch, daß dieser Mangel von nichts als von ihrer verderbten und widerspenstigen Gemüthsbeschaffenheit herrührt; denn an Verschlagenheit, Bosheit, Treulosigkeit und Rachsucht fehlt es ihnen nicht. Sie sind stark und verwegen; aber auch feigherzig und folglich auch stolz, niederträchtig und grausam.

Die Houyhnhnms halten so viele Yahoos als sie brauchen, und zwar in nahe bei ihren Häusern gelegenen Hütten. Die übrigen lassen sie auf dem freien Felde herumlaufen, wo solche Wurzeln aus der Erde scharren, verschiedene Arten Kräuter fressen, dem Aase verreckter Thiere nachspüren, und zuweilen Wieseln und Luhiewuchs, (eine Art wilder Ratten) gierig verschlingen. Die Natur hat sie gelehrt, sich an Hügeln mit ihren Klauen Höhlen zu graben, worin sie sich legen. Die Höhlen der weiblichen sind etwas geräumiger, um noch ein Paar Junge fassen zu können.

Sie lernen sehr frühzeitig schwimmen, wie die Frösche, und können sich lange unter dem Wasser erhalten, wo sie manche Fische fangen, welche die Weibchen ihren Jungen nach Hause bringen. Bei dieser Gelegenheit kann ich mich nicht enthalten, eine drollige Geschichte zu erzählen.

Als ich einst in Gesellschaft meines Beschützers, des Fuchses, spatzieren gieng, so bat ich ihn um die Erlaubniß, mich in einem nahen Flusse baden zu dürfen. Er bewilligte es; ich zog mich sogleich nackt aus, und gieng langsam ins Wasser. Der Zufall fügte es, daß ein junges Weibchen hinter einem Busche stand, dies mit ansah, und, wie ich und der Fuchs nachher vermutheten, von einem gewissen Triebe entflamt wurde. Eiligst kam es aus seinem Hinterhalte hervor, und sprang sechs Schritt weit von mir ins Wasser. In meinem Leben war ich noch nicht so entsetzlich erschrocken gewesen. Der Fuchs grasete in einiger Entfernung, ohne etwas arges zu vermuthen. Das Weibchen schlang seine Arme fest um mich herum; ich schrie so laut als ich konnte, und der Fuchs eilte in vollem Gallop herbei, worauf es mich, obgleich äußerst ungern, verlies, an das entgegengesetzte Ufer schwamm, und während der ganzen Zeit, daß ich mich anzog, herüber gaffte und heulte.

8. K. Besondere Umstände von den Yahoos.

Dieser Vorfall gab Anlaß, daß mein Herr und seine Familie sich auf meine Kosten, so empfindlich mir es auch war, sehr belustigten. Ich konnte nun nicht länger leugnen, daß ich nicht nach allen meinen Theilen und Zügen ein wirklicher Yahoo sey, indem ihre Weibchen zu mir die nämliche Neigung wie zu einem ihres Gleichen hätten, auch war die Gestalt dieses Weibchens so häßlich nicht als die der übrigen, denn es war meinem Dünken nach nicht über eilf Jahr alt.

Ich hatte nun drei Jahr in diesem Lande zugebracht, und der Leser wird daher, wie ich glaube, auch wohl erwarten, daß ich ihm einige Nachricht von den Sitten und Gebräuchen seiner Bewohner gebe, deren Kenntniß ich mir auch wirklich sehr hatte angelegen seyn lassen.

Da diese edlen Houyhnhnms schon von Natur einen allgemeinen Trieb zu allen Tugenden, und gar keinen Begriff oder Vorstellung davon haben, daß an einem vernünftigen Geschöpfe etwas böses seyn könne, so ist ihr Hauptgrundsatz, ihre Vernunft zu bilden, und sich ganz von ihr leiten zu lassen. Auch ist die Vernunft bei ihnen kein so schwankendes Ding, als bei uns, wo man eine Sache von zwei ganz entgegengesetzten Seiten mit Beifall vertheidigen und auch bestreiten kann, sondern sie überzeugt jeden augenblicklich, so wie sie es auch jederzeit thun wird, wenn nicht Leidenschaft und Eigennutz sich vereinigen, ihr einen Nebel vorzuziehen, oder etwas mit betrügerischen Farben darzustellen. Ich erinnere mich, daß ich die größte Mühe hatte, meinem Herrn den Sinn des Worts Meinung, oder, wie man über etwas streiten könne, begreiflich zu machen, indem die Vernunft, nur mit Ueberzeugung Sachen zu bejahen oder zu verneinen, und daß wir ohne hinlängliche Kenntniß derselben keines von beiden könnten. Streite, heftige Wortwechsel, Zänkereien, eigensinnige Behauptungen über falsche oder zweifelhafte Gegenstände sind Uebel, die den Houyhnhnms ganz und gar unbekannt sind. Als ich ihm ebenfalls die verschiedenen Systeme unserer Moralphilosophie erklärte, fieng er an zu lachen, und erstaunte, wie ein Geschöpf, das auf Vernunft Anspruch mache, auf die Kenntniß der Muthmaßungen fremder Völker, und solcher Dinge stolz seyn könne, die, wenn sie auch völlig ihre Richtigkeit hätten, doch von gar keinem Nutzen wären. Hierin stimmte mein Herr ganz mit der Meinung des Sokrates überein, so wie sie uns Plato beschreibt, und ich führe dies nur als den größten Lobspruch an, den ich diesem Größten der Philosophen geben kann. Oft bacht' ich, welch eine Verwüstung eine solche

Lehre in allen Europäischen Buchhandlungen anrichten würde, und wie wenige Gelehrte alsdann auf dem wirklichen Pfade zum ächten Ruhme wandeln würden.

Freundschaft und Wohlwollen sind die zwei vornehmsten Tugenden der Houhnhnms, und diese üben sie nicht bloß in Ansehung gewisser Gegenstände aus, sondern sind dem ganzen Geschlechte eigen. Ein Fremder aus den entferntesten Gegenden wird eben so wie der nächste Nachbar behandelt, und thut daher auch überall, wo er hinkommt, als ob er zu Hause wäre. Anständigkeit und Artigkeit besitzen sie in sehr hohem Grade, aber von Zeremonien wissen sie gar nichts. Sie sind in ihre Kinder nicht vernarrt, sondern erziehen sie einzig nach den Vorschriften der Vernunft. Mein Herr zeigte, wie ich bemerkte, gegen die Kinder seines Nachbarn eine eben so große Liebe als gegen seine eigne. Die Natur, sagen sie, wolle, daß man das ganze Geschlecht lieben solle, und nur die Vernunft sei es, die einen Unterschied unter solchen mache, die einen höhern Grad oder geringern Grad von Tugend besäßen.

Wenn ein Weib unter den Houhnhnms von jedem Geschlechte eins gebohren hat, so lassen sie sich von ihren Ehegatten nicht mehr beschlafen, außer wenn sie etwa durch Zufall, wel-

ches aber sehr selten geschieht, eins verliehren.
Nur in solchem Fall gehen sie zusammen. Ist
aber ein Weib zum Kindergebähren schon zu alt,
so giebt ihm ein anderes Paar eins von seinen
Kindern, und zeugt alsdann ein neues. Diese
Vorsicht ist nothwendig, damit das Land nicht
durch eine zu große Bevölkerung zu sehr beschwert
wird. Die niedrige Klasse derjenigen Houyhnhnms, die bloß zum Dienst bestimmt sind,
ist an dies Gesetz so genau nicht gebunden. Jedes Paar kann drei von jedem Geschlechte zeugen, um die vornehmen Familien mit Gesinde
zu versorgen.

Bei den Heirathen sehen sie vorzüglich bei
der Wahl ihrer Gattinnen auf solche Farben,
die keine unangenehme Mischung in der Familie
hervorbringen. Stärke wird vorzüglich an
dem männlichen Geschlechte und Schönheit an
dem weiblichen geschätzt, und zwar nicht sowohl
der Verliebtheit wegen, sondern um zu verhüten,
daß ein Geschlecht nicht ausarte. Zeichnet sich
daher ein Weibchen vorzüglich durch seine Stärke
aus, so wählt man für dasselbe einen Mann,
der vorzüglich schön ist.

Galanterien, Liebschaften, Geschenke, Ehestiftungen, Leibgedinge sind Dinge, wovon sie
keine Begriffe, und daher auch keine Wörter haben, sie in ihrer Sprache auszudrücken. Das

junge Paar kommt zusammen, und verbindet sich, bloß weil es der Wille ihrer Aeltern und Verwandten ist. Solche Verbindungen sehen sie alle Tage, und halten sie für Nothwendigkeiten, denen ein vernünftiges Geschöpf unterworfen ist. Untreue in der Ehe, und andere Ausschweifungen dieser Art sind ganz unerhörte Dinge, und jedes Ehepaar lebt ohne Eifersucht, ohne närrische Verliebtheit, ohne Zank und Mißvergnügen, und beide Eheleute bezeigen sich wechselsweise eben die Freundschaft und Gefälligkeit, die sie gegen andere hegen.

Die Art der Erziehung ihrer Jugend beiderlei Geschlechts, verdient eben so sehr bewundert als nachgeahmt zu werden. Sie geben ihren Kindern kein Körnchen Haber, ausgenommen an gewissen bestimmten Tagen, und nachdem sie das achtzehnte Jahr erreicht haben. Auch Milch erhalten die Kinder selten. Im Sommer grasen sie mit ihren Aeltern, Morgens und Abends, zwei Stunden; den Bedienten wird aber nur eine halbe Stunde dazu erlaubt. Ein großer Theil des Grases wird nach Hause gebracht, und die Bedienten dürfen es nur in denjenigen Stunden essen, in welchen sie keine besseren Geschäfte haben.

Mäßigkeit, Fleiß, Uebung und Reinlichkeit sind diejenigen Eigenschaften, welche der

Jugend vorzüglich eingeprägt werden; und mein Herr hielt die Methode, dem weiblichen Geschlecht eine andere Erziehung als dem männlichen zu geben, einige Gegenstände der Hauswirthschaft abgerechnet, für sehr unnatürlich, und fand es daher gar nicht befremdend, daß die eine Hälfte unserer Gattung zu weiter nichts taugte, als zum Kindergebähren; daß wir aber noch die Erziehung unserer Jugend solchen unnützen Geschöpfen anvertrauen, dies, sagte er, sey ein großer Beweis unserer Dummheit.

Die Houyhnhnms gewöhnen ihre Jugend zur Stärke, Geschwindigkeit und Abhärtung, lassen sie über steile Hügel, und über steinigte Felder um die Wette laufen, und wenn sie dadurch völlig in Schweiß gebracht sind, bis über den Kopf in einen Fluß oder Teich springen. Viermal kommt jährlich die Jugend eines Kreises zusammen, um von ihrer Geschicklichkeit im Rennen und Springen, und andere Uebungen der Stärke und Geschwindigkeit Proben abzulegen. Der Sieger wird mit einem Lobgesange belohnt. An diesem Feste treiben die Bedienten eine Heerde Yähoos mit Heu, Haber und Milch auf den Kampfplatz, wo die Houyhnhnms sich durch ein Gastmahl erquicken; alsdann aber werden diese Thiere wieder sogleich zurück getrie-

8. L. Besondere Umstände von den Yahoos. 293

ben, damit sie der Gesellschaft nicht beschwerlich fallen.

Alle vier Jahr wird zur Frühlingsnachtgleiche auf einer ohngefähr zwanzig Meilen von meines Herrn Hause gelegenen Ebene eine allgemeine, die ganze Nation vorstellende Versammlung gehalten, die fünf bis sechs Tage dauert. Man untersucht auf derselben den Zustand und die Beschaffenheit eines jeden Kreises, ob hinlänglicher Vorrath an Heu, Haber, Kühen und Yahoos ist, oder nicht; und im letztern Fall, der aber sehr selten ist, wird demselben einstimmig mittelst einer Beisteuer abgeholfen. Hier werden auch manche Vorfälle in Ansehung der Kinder geschlichtet. Hat z. B. ein Houyhnhnm zwei Söhne, so vertauscht er einen davon an Jemanden, der zwei Mädchen hat; verliehrt Jemand durch Zufall ein Kind, und die Mutter ist zu alt zur Kinderzeugen, so wird bestimmt, welches Paar in diesem Kreise den Verlust durch Zeugung eines andern Kindes ersetzen soll.

Neuntes Kapitel.
Allgemeine Volksversammlung der Houyhnhnms.

Ohngefähr drei Monat vor meiner Abreise wurde eine solche große Volksversammlung gehalten, wohin mein Herr als Abgeordneter seines Bezirkes geschickt wurde. In dieser Versammlung wurde wieder eine alte Streitsache vorgenommen, welche aber auch die einzige ist, die in diesem Lande jemals vorfiel, und von der mir mein Herr nach seiner Zurückkunft eine ausführliche Nachricht ertheilte.

Die Frage, über welche gestritten wurde, war, ob man die Yahoos ganz von der Erde vertilgen sollte. Ein Mitglied der Versammlung brachte für die Vertilgung derselben sehr wichtige und starke Gründe vor. Die Yahoos, sagte er, wären nicht nur die unflätigsten, ekelhaftesten und häßlichsten Thiere, sondern auch die widerspänstigsten, ungelehrigsten, schlimmsten und bösartigsten Thiere, welche die Natur je hervorgebracht hätte. Sie saugten heimlich die Eiter der Kühe aus, tödteten und fräßen ihre Katzen, zertreten Haber und Gras, und begiengen, wenn man nicht beständig Acht auf sie hätte, tausend andre Zügellosigkeiten. Er erwähnte einer alten Sage, daß die Yahoos nicht immer in ihrem Lande gewesen wären, sondern daß sich vor mehrern Jahrhunderten ein Paar dieser Thiere zuerst auf einem Gebürge hätten sehen lassen; und man wüßte nicht, ob sie daselbst aus dem Kothe oder Schlamme durch die Son-

nen-

nenhitze ausgebrütet, oder aus dem Schaume des Meers erzeugt worden wären. Diese Yahoos hätten bald darauf Junge geworfen, und ihre Brut wäre in kurzem so zahlreich geworden, daß sie das ganze Reich überschwemmt, und demselben großen Schaden zugefügt hätten. Um sich von dieser Plage zu befreien, hätten die Houyhnhnms eine allgemeine Jagd angestellt, die sämtlichen Thiere gefangen genommen, eingesperrt, die ältesten getödtet. Jeder Houyhnhnm hätte alsdann zwei mit sich nach Hause genommen, sie so zahm gemacht, als man ein so wildes Thier machen könnte, und sie zum Ziehen und Lasttragen gebraucht. Diese Sage scheine der Wahrheit sehr nahe zu kommen, und diese Thiere könnten keine Ylnhniamschy oder Urbewohner des Landes seyn, indem sie von den Houyhnhnms eben so wie von den übrigen Thieren gehaßt würden. Ob sie nun gleich wegen ihrer bösen Eigenschaften solches verdienten, so würde doch dieser Haß nie so heftig geworden seyn, oder sie wären längst vertilgt worden. Die Houyhnhnms hätten, als sie die Yahoos in ihre Dienste genommen, sehr unweislich das Aufziehen der Esel vernachlässigt, welche sehr gute, leicht zu zähmende, nicht übel riechende, zur Arbeit sehr geschickte Thiere, obgleich etwas langsamer als die Yahoos wären, sie wäre auch ihr Geschrei nicht angenehm, so sei es dem schrecklichen Geheule der Yahoos doch noch vorzuziehen.

Verschiedene andre Glieder waren eben der Meinung, als endlich mein Herr der Versammlung einen Vorschlag that, wozu er durch mich veranlaßt worden war. Er stimmte der Sage, welche das ehrsame Mitglied erwähnt hatte, völlig bei, und behauptete, daß die zwei Yahoos, die man zuerst in diesem Lande gesehen, über Meer her gekommen. Verlassen von ihren Gesellschaftern hätten sie sich auf die Gebürge geflüchtet, wären allmälig ausgeartet, und viel wilder geworden, als das Geschlecht in dem Lande, aus welchem sie gekommen, ursprünglich sey. Er glaube dies aus guten Gründen behaupten zu können, weil er in seinem Hause einen bewundernswürdigen Yahoo habe, (womit er mich meinte) den schon viele gesehen hätten, und von welchem noch mehrere gehört haben würden. Nun erzählte er ihnen, wie er mich gefunden, daß mein Körper mit einer künstlichen Decke von Fellen und Haaren andrer Thiere bedeckt sey, daß ich eine eigne Sprache verstünde, die Ihrige vollkommen gelernet, und ihm die mancherlei Begebenheiten erzählt hätte, wodurch ich in dies Land gekommen wäre. Er habe mich unbedeckt gesehen. Ich sey nach meiner ganzen Gestalt ein Yahoo, und habe nur eine weißere Farbe, weniger Haare und kürzere Klauen. Ich hätte ihn, fuhr er fort, betreden wollen, daß in meinem Lande sowohl als in andern die Yahoos die herrschenden und vernünftigen Geschöpfe, und die Houyhnhnms die dienstbaren Geschöpfe wären; er fände bei mir alle Eigenschaften der Yahoos, nur eine Art scheinend der Vernünftigkeit mache mich gesitteter, obgleich diese Art Vernünftigkeit bei weitem der Vernunft der Houyhnhnms nicht beikäme. Ich hätte auch, sagte er, von einer Operation gesprochen, die man an den jungen Houyhnhnms vornähmen, um sie zu zähmen, und welche darin bestände, daß sie ihnen die Mannheit nähmen, welches eine leichte und sichere Sache sey. Nun wäre es keine Schande von unvernünftigen Thieren Weisheit zu lernen, da man den Fleiß von der Ameise, und das Bauen von der Schwalbe, (so übersetze ich das Wort Lyhannh, ob es gleich ein größerer Vogel ist) lernen könnte. Dieses Schneiden oder Kastriren sey also eine Erfindung, die man an den jungen Yahoos versuchen könnte, und die nicht nur das Geschlecht zähmer und brauchbarer, sondern in einem Jahrhundert ganz aussterben machen würde, ohne daß man nöthig hätte, es gewaltsam zu tödten. Unterdessen müßten die Houyhnhnms ernstlich angehalten werden, mehr Esel aufzuziehen, die in jeder Hinsicht weit schätzbarere Thiere wären, und auch noch dies voraus hätten, daß sie schon von ihrem fünften Jahre an zur Arbeit tüchtig wären. Dagegen die Yahoos nicht eher als nach ihrem zwölften gebraucht werden könnten.

Dies war alles, was mein Herr mir von dem, was in der großen Nationalversammlung verhandelt worden war, zu eröffnen für gut befand. Allein er verschwieg einen Umstand, der besonders mich betraf, wovon ich die unglücklichen Wirkungen, wie der Leser an gehörigem Orte erfahren, bald nachher fühlte. Von diesem Zeitpunkte fangen alle Unglücksfälle meines Lebens an, die mir in der Folge begegneten.

Die Houyhnhnms haben keine Buchstabenschrift, und all' ihr Wissen beruht einzig auf mündliche Ueberlieferung. Da aber unter einem Volke, das so einig lebt, von Natur zur Ausübung aller Tugenden geneigt ist, nur von der Vernunft regiert wird, und von allem Handelsverkehr mit andern Völkern getrennt lebt, nur wenige wichtige Begebenheiten sich ereignen, so wird der historische Theil von ihnen ohne Anstrengung ihres Gedächtnisses leicht behalten. Ich habe bereits bemerkt, daß sie keinen Krankheiten unterworfen sind, und also auch keine Aerzte nöthig haben. Dessenungeachtet haben sie vortreffliche aus Kräutern verfertigte Heilmittel, um zufällige Wunden oder Quetschungen, die sie an Füßen durch scharfe Steine bekommen, so wie auch andere Lähmungen und Schäden zu heilen.

Das Jahr berechnen sie nach dem Umlaufe der Sonne und des Mondes, haben aber keine Abtheilungen der Wochen. Mit den Bewegungen beider Gestirne sind sie bekannt genug, auch verstehen sie die Ursachen ihrer Verfinsterungen. Weiter haben sie es in der Astronomie nicht gebracht.

In der Poesie übertreffen sie unstreitig die übrigen Sterblichen. Ihre Gleichnisse, die Bestimmtheit und Naivetät in Beschreibungen sind wirklich unerreichbar. Ihre Werke sind voll davon, und enthalten gewöhnlich entweder erhabene Begriffe von Freundschaft und Wohlwollen, oder das Lob derer, welche im Wettlaufen, oder andern körperlichen Uebungen siegten. Ihre Gebäude sind, obgleich roh und einfach, doch bequem, und geben sowohl gegen die Hitze als Kälte hinlänglichen Schutz. Es giebt hier eine Art Bäume, welche in einem Alter von vierzig Jahren mit ihren Wurzeln absterben, und mit dem ersten Sturm umfallen. Sie wachsen sehr gerade, und wenn sie wie Pfäle mit scharfen

Steinen zugespitzt werden, (den Gebrauch des Eisens kennen sie nicht) stecken sie zehn Zoll weit von einander in die Erde, und flechten in die Zwischenräume Haberstroh, oder machen Hürden. Das Dach wird auf die nämliche Weise gemacht, so wie auch die Thüren.

Die Houyhnhnms gebrauchen das Fessel-Gelenke, wie wir unsere Hände, und zwar mit einer größern Geschicklichkeit, als ich mir anfangs denken konnte. Ich habe gesehen, wie eine weiße Stute von unserer Familie eine Nehnadel mit diesem Gelenke einfädelte, die ich ihr zu diesem Endzweck gegeben. Sie melken ihre Kühe, mähen ihren Haber, und verrichten mit dieser Pfote alles, wozu man die Hände braucht. Sie haben eine Art harter Feuersteine, welche sie an andern Steinen schleifen, und daraus Werkzeuge verfertigen, die ihnen statt Aexten, Keilen und Hämmern dienen. Aus diesen nämlichen Steinen machen sie sich die Sicheln, ihren Haber zu mähen, der in ihrem Lande von selbst wächst. Die Yahoos ziehen die Garben auf Wagen zu Hause, und das Gesinde tritt in bedeckten Hütten das Korn heraus, welches in Vorrathshäusern aufgeschüttet wird. Sie machen sich auch grobe leichte thönerne und hölzerne Geschirre, worin sie das Korn an der Sonne trocknen.

Wenn sie nicht durch Zufälle ums Leben kommen, so sterben sie gemeiniglich vor Alter, und werden in den einsamsten Oertern, die man finden kann, begraben. Ihre Freunde und Verwandte bezeugen weder Freude noch Betrübniß bei ihrem Absterben, auch verläßt der Sterbende diese Welt so gleichgültig, als käme er von einem seinem Nachbar gemachten Besuche zurück. Ich erinnere mich, daß mein Herr einen Freund nebst dessen Familie zu sich geladen hatte, um mit ihm über eine Sache von Wichtigkeit zu sprechen. An dem bestimmten Tage kamen die Frau und ihre beiden Kinder sehr spät. Sie machte zwei Entschuldigungen, und zwar erstlich für ihren Mann, den an Morgen, wie sie sagte, das Schicksal getroffen, zu Chauwnh, (ein Wort, das einen außerordentlichen Nachdruck hat, und sich nicht gut mit einem einzigem gleichgeltenden geben läßt, indem es so viel, als zur ersten Mutter zurückkehren heißt.) und zweitens für sich, daß ihr Mann nämlich etwas spät gestorben, und sie also Zeit gebraucht hätte, mit ihrem Gesinde zu berathschlagen, wo sie die Leiche hinlegen sollte. Sie war an diesem Abend eben so munter, als die übrige Gesellschafft. Drei Monath hernach starb sie ebenfalls.

Die Houyhnhnms werden siebenzig bis fünf und siebenzig Jahr alt, selten erreichen sie das achtzigste Jahr. Einige Wochen vor ihrem Ende fühlen sie einige Schwäche, doch ohne Schmerzen. Von dieser Zeit werden sie von ihren Freunden öfters besucht, weil sie nicht im Stande sind, mit ihrer gewöhnlichen Leichtigkeit und Heiterkeit auszugehen. Aber zehn Tage vor ihrem Tode, in dessen Berechnung sie sich selten irren, erwiedern sie die ihnen von ihren nächsten Nachbarn gemachten Besuche, und lassen sich von Yahoos auf einer Schleife dahin ziehen. Eines solchen Fuhrwerks bedienen sie sich auch, wenn sie lange Reisen machen, oder durch irgend einen Zufall gelähmt werden. Bei solchen Gegenbesuchen nehmen sie von ihren Freunden feierlichen Abschied, als ob sie in ein fernes Land reisen wollten, um daselbst die übrige Zeit ihres Lebens zuzubringen.

Ich weis nicht, ob es der Mühe werth seyn wird, zu bemerken, daß die Houyhnhnms in ihrer Sprache kein Wort haben, um den Begriff des Bösen auszudrücken: außer was sie in Hinsicht auf die Häßlichkeit und schlechten Eigenschaften der Yahoos böse nennen. So bezeichnen sie die Thorheit eines Bedienten, die Fehler eines Kindes, den Stein, woran sie sich verletzen, anhaltendes stürmisches Wetter und dergl. mit dem Beiworte Yahoo, und nennen dies Hynm Yahoo, Whnaholm Yahoo,

Ynlhmndwihlma Yahoo. Ein schlecht ge-
bautes Haus nennen sie Yaholmhnmrohlnow
Yahoo.

Ich würde mit dem größten Vergnügen in
der Beschreibung der Sitten und Tugenden dieses vortreflichen Volkes fortfahren, wenn ich nicht
die Absicht hätte, nächstens in einem eignen
Werke diesen Gegenstand zu behandeln, worauf
ich den Leser verweise, und will indeß die traurigen Ereignisse erzählen, die mich selbst betroffen
haben.

Zehntes Kapitel.

Des Verfassers Hauswirthschaft und glückliches Leben
unter den Houyhnhnms. Sein Wachsthum in der
Tugend durch den Umgang mit ihnen. Ihre Unterredungen. Dem Verfasser wird von seinem Herrn
angedeutet, daß er aus dem Lande reisen müsse. Er
fällt über diese Nachricht in Ohnmacht, und ergiebt
sich in sein Geschik, bauet mit Hülfe eines Bedienten
einen Nachen und wagt sich auf die See.

Ich hatte mir mein kleines Hauswesen recht nach
Herzenswunsch eingerichtet. Mein Herr lies
mir zwölf Schritt vom Hause ein Zimmer nach
ihrer Art einrichten. Die Wände und den Bo-

den füllte ich mit Lehm aus, machte Schalen und behieng sie mit Binsen, Matten, die ich selbst verfertigte. Aus gebrochenem Hanf, der hier wild wächst, machte ich mir eine Zwillich, und füllte ihn mit Federn von verschiedenen Vögeln, die ich in Sprenkeln von Haaren fieng, und die ein ungemein schmackhaftes Essen geben. Ich hatte mit meinem Messer Stühle geschnitzt, wobei mir der Biber zu gröbern und mühsamern Arbeit half. Als meine Kleider zu zerreißen anfiengen, machte ich andere aus Kaninchenfellen, und eines gewissen schönen Thieres von der nämlichen Größe, das sie Nauhnnh nennen, das Haare so weich wie Eiderdunen hat. Hieraus machte ich mir ziemlich gute Strümpfe. Meine Schuh besohlte ich mit Holz, das ich an das Oberleder befestigte, und als dies abgenutzt war, ersetzte ich es mit einem hoos Fell, das ich an der Sonne trocknete. Oft fand ich in hohlen Bäumen Honig, das ich mit Wasser vermischte, oder mit Brod aß. Die Wahrheit der zwei Grundsätze, daß die Natur mit Wenigem sich begnüge, und daß die Noth die Mutter der Erfindung sey, konnte Niemand richtiger finden, und mehr bestätigen, als ich. Ich genoß der vollkommensten Gesundheit, und mein Gemüth war ruhig und heiter. Ich fürchtete weder die Verräthe-

und Unbeständigkeit eines Freundes, noch die Verfolgung eines heimlichen oder öffentlichen Feindes; ich hatte nicht nöthig, durch Geschenke, Schmeichelei, oder durch Kupplerei die Gunst der Großen oder seines Lieblings zu erschleichen; brauchte keines Schutzes gegen Betrug und Unterdrückung. Hier waren weder Aerzte, meine Gesundheit zu verderben, noch Rechtsgelehrte, mich um mein Vermögen zu bringen, keine Spione, die auf meine Worte oder Handlungen lauerten, und auch keine falschen, um Geld gedungenen Ankläger. Hier waren keine Spötter, Kritiker, Verläumder, Afterreder, Beutelschneider, Straßenräuber, Diebe, Advokaten, Kuppler, Gaukler, Spieler, politische Quacksalber, Witzlinge, Milzsüchtige, langweilige Schwätzer, Kontroversisten, Ehebrecher, Mörder, Räuber und Moralisten, keine Parteimacher, keine Verführer, und daher auch keine Gefängnisse, Beile, Schwerter, Galgen, Staupbesen und Pranger, keine betrügerischen Krämer und Handwerker, weder Stolz noch Eitelkeit, noch Ziererei, keine Narren, Prahlhänse, Trunkenbolde, Gassenhuren und Lustseuchen, keine feilen, unzüchtigen verschwenderischen Weiber, keine dummen hochmüthigen Pedanten, keine ungestüme, lästige, zänkische, polternde, tobende, hochmüthige und suchende Gesellschafter, keine Schurken, die sich durch Laster aus dem Kothe emporgeschwungen, noch Adeliche, die sich hineinstückten, weder Lords, noch Geiger, weder Richter noch Tanzmeister.

Man erwies mir die Ehre, Führten gegenwärtig zu seyn, wenn einige Houyhnhnms meinen Herrn besuchten, oder bei ihm zu Gaste waren, und mein Herr war so gütig mir zu erlauben, daß ich im Zimmer bleiben, und den Gesprächen zuhören durfte. Er sowohl als die Gesellschaft ließ sich oft herab, mir Fragen vorzulegen, und meine Antworten anzuhören. Manchmal hatte ich auch die Ehre, meinen Herrn in andre Gesellschaften zu begleiten. Ich nahm mir nie die Freiheit zu reden, außer wenn ich gefragt wurde, und alsdann that ich es doch sehr ungern, weil ich dadurch die Zeit verlohr, durch ihre Gespräche etwas zu lernen. Mein größtes Vergnügen war, ein bescheidner Zuhörer bei solchen Unterredungen zu seyn, wo man von nichts als nützlichen Dingen, und zwar mit wenigen und nachdrücklichen Worten sprach, wo man, wie ich bereits erwähnt habe, ohne ängstliche Zeremonien die größte Sittsamkeit beobachtete, wo Niemand sprach, ohne sich und der Gesellschaft Vergnügen zu machen, wo man sich nicht im Reden unterbrach, und weder langweilliges Geschwätze, noch brausende Hitze, noch Verschiedenheit in den Meinungen vorhanden war.

Die Houyhnhnms sind der Meinung, daß in Gesellschaften ein kurzes Stillschweigen den Werth der Unterhaltung erhöhe, und ich fand dies sehr richtig, denn während einer solchen kleinen Stille stiegen in ihrem Kopfe neue Gedanken auf, welche das Gespräch von frischem belebten. Der Inhalt der Unterredungen betraf überhaupt Freundschaft und Wohlwollen, Ordnung und Hauswirthschaft, manchmal auch Natur-Begebenheiten oder alte überlieferte Sagen, sie sprachen von der Natur und Beschaffenheit der Tugend, von den untrüglichen Grundsätzen der Vernunft, oder von Gegenständen, die in der nächsten Landtagsversammlung vorgenommen werden sollten, oder auch von den mancherlei Schönheiten der Dichtkunst. Ich kann auch ohne Eitelkeit gestehen, daß meine Gegenwart ihnen manchmal Stoff zur Unterredung gab, indem mein Herr Gelegenheit nahm, seinen Freunden meine Geschichte zu erzählen, und sie dabei mit der Geschichte meines Vaterlandes bekannt zu machen. Ihre Aeußerungen fielen aber nicht zum Besten des menschlichen Geschlechts aus, und aus dem Grunde will ich auch, was sie sagten, nicht wiederhohlen. Nur das einzige daß ich noch hinzufügen, daß [er] zu meiner großen Verwunderung [die] Yahoos besser als ich zu kennen [schien]. Er gieng alle Laster und Thorheiten [durch], und traf auf manches, wovon ich ihm [nicht] das beste gesagt hatte, bloß durch die [Vermuthung], was ein Yahoo mit einer geringen [Portion Ver]kunft zu thun fähig wäre, und hieraus [folgerte] er, und leider nur zu richtig, wie [verächtlich] und elend ein solches Geschöpf seyn müste.

Ich bekenne es offenherzig, all' mein [bis]chen Wissen von einigem Werth habe ich [bloß] den Lehren meines Herrn, und den Unter[redun]gen seiner Freunde zu danken, und ich war stolz[er] darauf, diese anhören zu dürfen, als auf das Amt eines Präsidenten der ansehnlichsten und gelehrtesten Akademie der Wissenschaften in Europa. Ich bewunderte die Stärke, Schönheit und Geschwindigkeit der Einwohner, und [so] ein Inbegriff von Tugenden in so liebenswürdigen Geschöpfen, die man als wirkliche Tugendgestirne ansehen konnte, muste in mir die größte Ehrfurcht gegen sie hervorbringen. Anfangs fühlte ich die natürliche Achtung nicht, welche die Yahoos und alle andere Thiere gegen sie hegen, aber nach und nach bemächtigte sie sich, ehr, als ich dachte, meines Herzens, und war mit einer so ehrerbietigen Liebe und Dankbar[keit] verwebt, daß sie so gütig wäre, mir vor meinen übrigen Geschlechtsverwandten Rinkjen Vorzug einzuräumen.

Dachte ich an meine Familie, meine Freunde, meine Landsleute, oder überhaupt an das menschliche Geschlecht, so betrachtete ich sie in Hinsicht auf Gestalt und Gemüthsbeschaffenheit als wirkliche Yahoos, die nur etwas mehr Kultur und das Vermögen zu reden vor den übrigen voraus hätten, aber von ihrer Vernunft keinen andern Gebrauch machten, als diejenigen Laster zu hegen und zu pflegen, wovon ihre Brüder in diesem Lande nur so viel besäßen, als ihnen die Natur zugetheilt hätte. Erblickte ich von ohngefähr meine Gestalt in einem Bache oder einem Brunnen, so drehte ich mein Gesicht vor Schrecken und Abscheu schnell um; denn der Anblick eines gemeinen Yahoos war mir erträglicher, als meiner eignen Gestalt. Der Umgang mit den Houyhnhnms, und das Vergnügen, welches ich empfand, wenn ich sie betrachtete, machte, daß ich unbemerkt ihren Gang und ihre Geberden nachahmte, und mir sie so angewöhnte, daß jetzt meine Freunde manchmal in einem Anfalle von Witzelei sagen: Ich trabte wie ein Pferd. Ich nehme indeß dies Späßchen als ein großes Kompliment an; ich läugne auch nicht, daß ich zuweilen beim Sprechen in den Ton und die Manier der Houyhnhnms falle, und lasse deshalb meine Freunde spötteln, ohne böse darüber zu werden.

Mitten in dieser glücklichen Lage, und zu einer Zeit, da ich einen festen und dauerhaften Sitz für mein ganzes übriges Leben zu haben glaubte, ließ mich mein Herr an einem Morgen etwas früher als gewöhnlich zu sich rufen. Ich merkte gleich an seiner Miene, daß er verlegen war, und nicht wußte, wie er es anfangen sollte, mir das, was er auf dem Herzen hatte, zu eröffnen. Nach einer kurzen Stille sieng er an: „Er wisse nicht, wie ich das aufnehmen würde, was er mir zu sagen hätte, allein er könne nun nicht länger damit zurückhalten, daß in der letzten Landtagsversammlung, bei der Berathschlagung, die Yahoos betreffend, die Abgeordneten des Landes es ihm verübelt hätten, daß er in seinem Hause einen Yahoo (wodurch man mich gemeint) habe, den er mehr wie einen Houyhnhnms, als wie ein unvernünftiges Thier behandelte, daß er sich öfters mit mir unterhielte, als ob ich ihm Vortheil bringen, oder durch meine Gesellschaft ihm Vergnügen machen könnte, eine der Vernunft und der Natur ganz entgegen laufende und unter ihnen ganz unerhörte Sache. Die Versammlung hätte ihn daher ermahnt,

mahnt, mich entweder, wie die übrigen Thiere meiner Art, und zu der nämlichen Arbeit zu gebrauchen, oder mir zu befehlen, wieder dahin zu schwimmen, woher ich gekommen wäre. Der erste Vorschlag sey indeß einmüthig, von allen Houyhnhnms, die mich kennten, ganz verworfen worden, und zwar aus dem angeführten Grunde, weil ich einige Funken Vernunft besäße, und daher wegen der den Yahoos angebohrnen Bösartigkeit leicht zu fürchten wäre, ich möchte solche verleiten, sich in die waldigten und gebürgigten Theile des Landes zu begeben, und unter meiner Anführung Truppweise die Heerden der Houyhnhnms des Nachts zu überfallen und zu tödten, weil wir von Natur eine Gattung Raubthiere wären, und einen Abscheu gegen alle Arbeit hätten."

„Seine Nachbarn," fügte mein Herr hinzu: „drängen unaufhörlich in ihn, die Ermahnung der Landtagsversammlung zu befolgen, welches er auch nicht länger verschieben könnte. Er zweifle nun zwar wohl an der Möglichkeit, daß ich durch Schwimmen ein anderes Land zu erreichen im Stande seyn würde, und deshalb wünsche er, ich möchte mir ein frisches Fahrzeug verfertigen, wie dasjenige gewesen wäre, welches ich ihm beschrieben, um auf dem Meere fortschwimmen zu können. Seine sowohl als seiner Nachbarn Knechte sollten mir bei dem Baue desselben bestmöglichst helfen. — Er für seine Person würde mich sehr gern mein ganzes Leben durch in seinem Dienst behalten haben; weil ich, wie er gesehen, so viel, als ich vermöge meiner niedrigen Natur gekonnt, mich bemüht habe, den Houyhnhnms nachzuahmen, und mich von verschiedenen bösen Gewohnheiten und Neigungen zu heilen."

Hier muß ich bemerken, daß Landtagsschluß in diesem Lande durch das Wort Hühnloayn ausgedrückt wird, welches ohngefähr so viel heißt, als Ermahnung; denn man hat wohl einen Begriff davon, wie ein vernünftiges Geschöpf ermahnt, nicht aber, wie es gezwungen werden könne.

Gram und Verzweiflung ergriff mich bei dieser Rede meines Herrn: unfähig, einen so großen Schmerz zu ertragen, sank ich ohnmächtig vor seinen Füßen hin. Als ich wieder zu mir selbst kam, sagte er, daß er mich für todt gehalten — denn dies Volk ist solchen Schwachheiten der Natur nicht unterworfen. — Ich antwortete ihm, daß der Tod für mich das größte Glück gewesen seyn würde. Ich könnte zwar die von der Versammlung wider mich ergangene Ermahnung, und die Erinnerungen seiner

Freunde nicht tadeln, allein meiner schwachen und verdorbenen Einsicht nach würde ein weniger strenges Urtheil sich mit der Vernunft wohl vertragen haben. Ich wäre nicht im Stande eine Meile weit zu schwimmen, und wahrscheinlich würde das nächste Land wohl hundert Meilen entfernt seyn. Zu Verfertigung eines kleinen Schiffs wären eine Menge Materialien nöthig, welche in diesem Lande gänzlich fehlten. Dessenungeachtet wollte ich aus Gehorsam und Dankbarkeit gegen ihn einen Versuch machen, ob ich gleich an der Möglichkeit der Ausführung zweifelte, und mich daher schon als ein Opfer eines unvermeidlichen Todes betrachtete. Die Erwartung eines unnatürlichen Todes wäre indeß das Geringste, was ich befürchte, denn gesetzt, ich rettete mein Leben durch irgend ein zufälliges Ereigniß, wie könnte ich mit Gelassenheit daran denken, meine Tage unter Yahoos zuzubringen, und Gefahr zu laufen, aus Mangel an Beispielen, welche mich auf der Bahn der Tugend fortführten und leiteten, wieder in meine vorige Verderbtheit zurückzufallen. Ich wüste indeß wohl, daß die Entschlüsse der weisen Houyhnhnims auf zu guten Gründen ruhten, als daß sie durch Gegengründe eines so armseligen Yahoo's, wie ich, wankend gemacht werden würden, dankte ihm daher auf's unterthänigste für den mir angebotenen Beistand seiner Leute zu Verfertigung eines Fahrzeugs, ersuchte ihn nur um hinlängliche Zeit, ein so mühsames Werk zu Stande zu bringen, und fügte noch hinzu, ich würde mir möglichste Mühe geben, mich armes Geschöpf zu erhalten, um, wenn ich jemals in mein Vaterland zurückkommen sollte, meiner Gattung dadurch nützlich zu werden, daß ich das Lob der vortreflichen Houyhnhnms überall priese, und ihre Tugenden allen Menschen als nachahmungswürdige Beispiele empfehle.

Mein Herr gab mir eine sehr kurze und gütige Antwort, bewilligte mir einen Zeitraum von zwei Monaten, meinen Kahn zu bauen, und befahl dem Fuchse, meinem Mitknechte (denn so darf ich ihn, da ich so weit von ihm entfernt bin, wohl nennen) meinen Anweisungen zu folgen. Ich hatte nämlich meinem Herrn versichert, daß mir der Beistand desselben hinlänglich seyn würde, und außerdem schiene der Fuchs mich sehr lieb zu haben.

Mein erstes Geschäft bestand darin, daß ich mit dem Fuchse nach derjenigen Gegend des Ufers gieng, wo mich mein verrätherisches Schiffsvolk ans Land setzte. Ich stieg auf eine Anhöhe, blickte nach allen Seiten über das Meer hin, und glaubte gegen Nordost eine kleine Insel zu

entdecken. Ich nahm mein Fernglas, und
konnte sie durch dessen Hülfe deutlich erkennen.
Nach meiner Rechnung schien sie fünf Meilen entfernt zu seyn. Mein guter Fuchs hielt sie für
eine blaue Wolke, denn da er von keinem andern
Lande sich eine Vorstellung machen konnte, als
nur von seinem eigenen, so war er auch nicht im
Stande, entfernte Gegenden in der See so genau als wir zu unterscheiden, die wir auf diesem Element so weit herumstreifen.

Nachdem ich diese Insel entdeckt hatte, besann ich mich nicht weiter, sondern beschloß gleich
auf der Stelle, daß sie, wenn es möglich, der
erste Ort meiner Verbannung seyn sollte, und
das übrige dem Schicksal zu überlassen.

Ich kehrte nach Hause zurück, berathschlagte mich mit dem Fuchse, und gieng dann mit
ihm in den nächsten Wald, wo ich mit meinem
Messer, und er mit einem scharfen Steine, der
sehr künstlich an einen hölzernen Stiele befestigt
war, verschiedene eichene Zweige von der Dicke
eines derben Knüppels und noch einige dickere
herunter hieb. Doch ich will den Leser nicht
mit einer umständlichen Beschreibung meiner Arbeit beschwerlich fallen. — Genug, ich brachte
in einer Zeit von sechs Wochen mit Hülfe des
Fuchses, welcher dabei die schwerste Arbeit verrichtete, eine Art von einem Indianischen Kahn

diesn darf) auch wirklicher Zuneigung und Liebe, wollte mich abfahren sehen, und hatte deshalb noch einige Nachbarn zur Gesellschaft eingeladen. Ich muste wohl eine Stunde warten, ehe die Flut hoch genug heran kam: als sich bald hierauf ein günstiger Wind erhob, der gegen die Insel hin blies, nahm ich zum zweytenmal von ihm Abschied. Ich wollte mich vor ihn niederwerfen, seinen Huf zu küssen, er war aber so gütig, denselben ganz sanft meinem Mund hinzureichen. Ich weis wohl, wie sehr ich in Ansehung dieses letzten Umstandes, werde getadelt werden. Manche werden sagen, es sey ganz unwahrscheinlich, daß eine so erhabene Person sich so weit erniedrigen könnte, einer so geringen Person, als ich, eine so auszeichnende Huld zu erweisen. Ich weis auch recht wohl, daß manche Reisende sich sehr gern außerordentlicher Gunstbezeugungen rühmen, die sie in fremden Ländern genossen haben. Allein diese tadelsüchtigen Herrn würden ihre Meinung bald ändern, wenn sie mit dem edelmüthigen und höflichen Betragen der Houyhnhnms besser bekannt wären.

Ich machte den übrigen Houyhnhnms, welche meinen Herrn begleitet hatten, eine tiefe Verbeugung, stieg in meinen Kahn und stieß ihn vom Ufer ab.

fluchende Gesellschafter, keine Schurken, die sich durch Laster aus dem Kothe emporgeschwungen, noch Adeliche, die sich hineinstützten, weder Lords, noch Geiger, weder Richter noch Tanzmeister.

Man erwies mir die Ehre, zuweilen gegenwärtig zu seyn, wenn einige Houyhnhnms meinen Herrn besuchten, oder bei ihm zu Gaste waren, und mein Herr war so gütig mir zu erlauben, daß ich im Zimmer bleiben, und den Gesprächen zuhören durfte. Er sowohl als die Gesellschaft ließ sich oft herab, mir Fragen vorzulegen, und meine Antworten anzuhören. Manchmal hatte ich auch die Ehre, meinen Herrn in andre Gesellschaften zu begleiten. Ich nahm mir nie die Freiheit zu reden, außer wenn ich gefragt wurde, und alsdann that ich es doch sehr ungern, weil ich dadurch die Zeit verlohr, durch ihre Gespräche etwas zu lernen. Mein größtes Vergnügen war, ein bemüthiger Zuhörer bei solchen Unterredungen zu seyn, wo man von nichts als nützlichen Dingen, und zwar mit wenigen und nachdrücklichen Worten sprach, wo man, wie ich bereits erwähnt habe, ohne ängstliche Zeremonien die größte Sittsamkeit beobachtete, wo Niemand sprach, ohne sich und der Gesellschaft Vergnügen zu machen, wo man sich nicht im Reden unterbrach, und weder langwei-

iges Geschwätze, noch brausende Hitze, noch
Verschiedenheit in den Meinungen vorhanden
war.

Die Houyhnhnms sind der Meinung,
daß in Gesellschaften ein kurzes Stillschweigen
den Werth der Unterhaltung erhöhe, und ich
fand dies sehr richtig, denn während einer solchen kleinen Stille stiegen in ihrem Kopfe neue
Gedanken auf, welche das Gespräch von frischem belebten. Der Inhalt der Unterredungen
betraf überhaupt Freundschaft und Wohlwollen,
Ordnung und Hauswirthschaft, manchmal auch
Natur-Begebenheiten oder alte überlieferte Sagen, sie sprachen von der Natur und Beschaffenheit der Tugend, von den untrüglichen Grundsätzen der Vernunft, oder von Gegenständen,
die in der nächsten Landtagsversammlung vorgenommen werden sollten, oder auch von den mancherlei Schönheiten der Dichtkunst. Ich kann
auch ohne Eitelkeit gestehen, daß meine Gegenwart ihnen manchmal Stoff zur Unterredung
gab, indem mein Herr Gelegenheit nahm, seinen Freunden meine Geschichte zu erzählen, und
sie dabei mit der Geschichte meines Vaterlandes
bekannt zu machen. Ihre Aeußerungen fielen
aber nicht zum Besten des menschlichen Geschlechts
aus, und aus dem Grunde will ich auch, was
sie sagten, nicht wiederhohlen. Nur das einzige

muß ich noch hinzufügen, daß mein Herr zu seiner großen Verwunderung die Natur der Yahoos besser als ich zu kennen schien. Er gieng alle Laster und Thorheiten durch, und traf auf manches, wovon ich ihm nicht das mindeste gesagt hatte, bloß durch die Voraussetzung, was ein Yahoo mit einer geringen Portion Vernunft zu thun fähig wäre, und hieraus folgerte er, und leider nur zu richtig, wie verächtlich und elend ein solches Geschöpf seyn müste.

Ich bekenne es offenherzig, all' mein bischen Wissen von einigem Werth habe ich bloß den Lehren meines Herrn, und den Unterredungen seiner Freunde zu danken, und ich war stolzer darauf, diese anhören zu dürfen, als auf das Amt eines Präsidenten der ansehnlichsten und gelehrtesten Akademie der Wissenschaften in Europa. Ich bewunderte die Stärke, Schönheit und Geschwindigkeit der Einwohner, und solch ein Inbegriff von Tugenden in so liebenswürdigen Geschöpfen, die man als wirkliche Tugendgestirne ansehen konnte, muste in mir die größte Ehrfurcht gegen sie hervorbringen. Anfangs fühlte ich die natürliche Achtung nicht, welche die Yahoos und alle andere Thiere gegen sie hegen, aber nach und nach bemächtigte sie sich, eher als ich dachte, meines Herzens, und war mit einer so ehrerbietigen Liebe und Dankbarkeit verwebt, daß sie so gütig waren, mir vor mei‍nen übrigen Geschlechtsverwandten einigen Vor‍zug einzuräumen.

Dachte ich an meine Familie, meine Freun‍de, meine Landsleute, oder überhaupt an das menschliche Geschlecht, so betrachtete ich sie in Hinsicht auf Gestalt und Gemüthsbeschaffenheit als wirkliche Yahoos, die nur etwas mehr Kul‍tur und das Vermögen zu reden vor den übrigen voraus hätten, aber von ihrer Vernunft keinen andern Gebrauch machten, als diejenigen Laster zu hegen und zu pflegen, wovon ihre Brüder in diesem Lande nur so viel besäßen, als ihnen die Natur zugetheilt hätte. Erblickte ich von ohngefähr meine Gestalt in einem Bache oder einem Brunnen, so drehte ich mein Gesicht vor Schrecken und Abscheu schnell um, denn der Anblick eines gemeinen Yahoos war mir erträg‍licher, als meiner eignen Gestalt. Der Um‍gang mit den Houyhnhnms, und das Vergnü‍gen, welches ich empfand, wenn ich sie betrach‍tete, machte, daß ich unvermerkt ihren Gang und ihre Geberden nachahmte, und mir sie so angewöhnte, daß jetzt meine Freunde manchmal in einem Anfalle von Witzelei sagen: Ich trabte wie ein Pferd. Ich nehme indeß dies Späßchen als ein großes Kompliment an; ich läugne auch nicht, daß ich zuweilen beim Spre‍

chen in den Ton und die Manier der Houyhnhnms falle, und laſſe deshalb meine Freunde ſpötteln, ohne böſe darüber zu werden.

Mitten in dieſer glücklichen Lage, und zu einer Zeit, da ich einen feſten und dauerhaften Sitz für mein ganzes übriges Leben zu haben glaubte, ließ mich mein Herr an einem Morgen etwas früher als gewöhnlich zu ſich rufen. Ich merkte gleich an ſeiner Miene, daß er verlegen war, und nicht wuſte, wie er es anfangen ſollte, mir das, was er auf dem Herzen hatte, zu eröffnen. Nach einer kurzen Stille fieng er an: „Er wiſſe nicht, wie ich das aufnehmen würde, was er mir zu ſagen hätte, allein er könne nun nicht länger damit zurückhalten, daß in der letzten Landtagsverſammlung, bei der Berathſchlagung, die Yahoos betreffend, die Abgeordneten des Landes es ihm verübelt hätten, daß er in ſeinem Hauſe einen Yahoo (wodurch man mich gemeint) habe, den er mehr wie einen Houyhnhnms, als wie ein unvernünftiges Thier behandelte, daß er ſich öfters mit mir unterhielte, als ob ich ihm Vortheil bringen, oder durch meine Geſellſchaft ihm Vergnügen machen könnte, eine der Vernunft und der Natur ganz entgegen laufende und unter ihnen ganz unerhörte Sache. Die Verſammlung hätte ihn daher ermahnt, mahne, mich entweder wie die übrigen Thiere meiner Art, und zu der nämlichen Arbeit zu gebrauchen, oder mir zu befehlen, wieder dahin zu schwimmen, woher ich gekommen wäre. Der erste Vorschlag sey indeß einmüthig von allen Houyhnhnms, die mich kennten, ganz verworfen worden, und zwar aus dem angeführten Grunde, weil ich einige Funken Vernunft besäße, und daher wegen der den Yahoos angebohrnen Bösartigkeit leicht zu fürchten wäre, ich möchte solche verleiten, sich in die waldigten und gebürgigten Theile des Landes zu begeben, und unter meiner Anführung truppweise die Heerden der Houyhnhnms des Nachts zu überfallen und zu tödten, weil wir von Natur eine Gattung Raubthiere wären, und einen Abscheu gegen alle Arbeit hätten."

„Seine Nachbarn," fügte mein Herr hinzu: „drängen unaufhörlich in ihn, die Ermahnung der Landtagsversammlung zu befolgen, welches er auch nicht länger verschieben könnte. Er zweifle nun zwar wohl an der Möglichkeit, daß ich durch Schwimmen ein anderes Land zu erreichen im Stande seyn würde, und deshalb wünsche er, ich möchte mir ein frisches Fahrzeug verfertigen, wie dasjenige gewesen wäre, welches ich ihm beschrieben, um auf dem Meere fortschwimmen zu können? Seine sowohl als seiner Nachbarn Knechte sollten mir bei dem Baue desselben bestmöglichst helfen. —— Er für seine Person würde mich sehr gern mein ganzes Leben durch in seinem Dienst behalten haben; weil ich, wie er gesehen, so viel, als ich vermöge meiner niedrigen Natur gekonnt, mich bemüht hätte, den Houyhnhnms nachzuahmen, und mich von verschiedenen bösen Gewohnheiten und Neigungen zu heilen."

Hier muß ich bemerken, daß Landtagsschluß in diesem Lande durch das Wort Hnhloayn ausgedrückt wird, welches ohngefähr so viel heiße, als Ermahnung; denn man hat wohl einen Begriff davon, wie ein vernünftiges Geschöpf ermahnt, nicht aber, wie es gezwungen werden könne.

Gram und Verzweiflung ergriff mich bei dieser Rede meines Herrn: unfähig, einen so großen Schmerz zu ertragen, sank ich ohnmächtig vor seinen Füßen hin. Als ich wieder zu mir selbst kam, sagte er, daß er mich für todt gehalten —— denn dies Volk ist solchen Schwachheiten der Natur nicht unterworfen. —— Ich antwortete ihm, daß der Tod für mich das größte Glück gewesen seyn würde. Ich könnte zwar die von der Versammlung wider mich ergangene Ermahnung, und die Erinnerungen seiner

Freunde nicht tadeln, allein meiner schwachen und verdorbenen Einsicht nach würde ein weniger strenges Urtheil sich mit der Vernunft wohl vertragen haben. Ich wäre nicht im Stande eine Meile weit zu schwimmen, und wahrscheinlich würde das nächste Land wohl hundert Meilen entfernt seyn. Zu Verfertigung eines kleinen Schiffs wären eine Menge Materialien nöthig, welche in diesem Lande gänzlich fehlten. Dessenungeachtet wollte ich aus Gehorsam und Dankbarkeit gegen ihn einen Versuch machen, ob ich gleich an der Möglichkeit der Ausführung zweifelte, und mich daher schon als ein Opfer eines unvermeidlichen Todes betrachtete. Die Erwartung eines unnatürlichen Todes wäre indeß das Geringste, was ich befürchte, denn gesetzt, ich rettete mein Leben durch irgend ein zufälliges Ereigniß, wie könnte ich mit Gelassenheit daran denken, meine Tage unter Yahoos zuzubringen, und Gefahr zu laufen, aus Mangel an Beispielen, welche mich auf der Bahn der Tugend fortführten und leiteten, wieder in meine vorige Verderbtheit zurückzufallen. Ich wüste indeß wohl, daß die Entschlüsse der weisen Houyhnhnms auf zu guten Gründen ruhten, als daß sie durch Gegengründe eines so armseligen Yahoo's, wie ich, wankend gemacht werden würden, dankte ihm daher aufs unterthänigste für den mir angebotenen Beistand seiner Leute zu Verfertigung eines Fahrzeugs, ersuchte ihn nur um hinlängliche Zeit, ein so mühsames Werk zu Stande zu bringen, und fügte noch hinzu, ich würde mir möglichste Mühe geben, mich armes Geschöpf zu erhalten, um, wenn ich jemals in mein Vaterland zurückkommen sollte, meiner Gattung dadurch nützlich zu werden, daß ich das Lob der vortreflichen Houyhnhnms überall priese, und ihre Tugenden allen Menschen als nachahmungswürdige Beispiele empföhle.

Mein Herr gab mir eine sehr kurze und gütige Antwort, bewilligte mir einen Zeitraum von zwei Monaten, meinen Kahn zu bauen, und befahl dem Fuchse, meinem Mitknechte (denn so darf ich ihn, da ich so weit von ihm entfernt bin, wohl nennen) meinen Anweisungen zu folgen. Ich hatte nämlich meinen Herrn versichert, daß mir der Beistand desselben hinlänglich seyn würde, und außerdem schiene der Fuchs mich sehr lieb zu haben.

Mein erstes Geschäft bestand darin, daß ich mit dem Fuchse nach derjenigen Gegend des Ufers gieng, wo mich mein verrätherisches Schiffsvolk ans Land setzte. Ich stieg auf eine Anhöhe, blickte nach allen Seiten über das Meer hin, und glaubte gegen Nordost eine kleine Insel zu entdecken. Ich nahm mein Fernglas, und konnte sie durch dessen Hülfe deutlich erkennen. Nach meiner Rechnung schien sie fünf Meilen entfernt zu seyn. Mein guter Fuchs hielt sie für eine blaue Wolke, denn da er von keinem andern Lande sich eine Vorstellung machen konnte, als nur von seinem eigenen, so war er auch nicht im Stande, entfernte Gegenden in der See so genau als wir zu unterscheiden, die wir auf diesem Elemente so weit herumstreifen.

Nachdem ich diese Insel entdeckt hatte, besann ich mich nicht weiter, sondern beschloß gleich auf der Stelle, daß sie, wenn es möglich, der erste Ort meiner Verbannung seyn sollte, und das übrige dem Schicksal zu überlassen.

Ich kehrte nach Hause zurück, berathschlagte mich mit dem Fuchse, und gieng dann mit ihm in den nächsten Wald, wo ich mit meinem Messer, und er mit einem scharfen Steine, der sehr künstlich an einen hölzernen Stiele befestigt war, verschiedene eichene Zweige von der Dicke eines derben Knüppels und noch einige dickere herunter hieb. Doch ich will den Leser nicht mit einer umständlichen Beschreibung meiner Arbeit beschwerlich fallen. — Genug, ich brachte in einer Zeit von sechs Wochen mit Hülfe des Fuchses, welcher dabei die schwerste Arbeit verrichtete, eine Art von einem Indianischen Kahn zu Stande, der aber viel größer, und mit Yahoos Häuten bedeckt war, welche ich mit selbst verfertigten Hanfgarn zusammengenähet hatte. Meine Segel bestanden ebenfalls aus solchen Häuten, ich nahm aber dazu nur die Jüngsten, die ich finden konnte, weil die Häute der Alten zäh und dicke sind. Ich verschaffte mir auch vier Ruder. Ich nahm auch einen Vorrath von gekochten Kaninchenfleische und gebratene Vögel mit, nebst zwei Fäßern, wovon das eine mit Milch und das andere mit Wasser gefüllt war.

Ich versuchte mit meinem Kahn auf einem nahe an meines Herrn Hause gelegenen Teiche zu fahren, ersetzte und verbesserte zugleich, was noch fehlte, und geändert werden mußte, stopfte alle Ritzen mit Hanf und Yahoos Fette aus, bis ich ihn wasserfest, und tüchtig fand, mich, meine Lebensmittel und mein Geräthe zu tragen. Nachdem er so vollkommen war, als ich ihn machen konnte, ließ ich ihn unter der Aufsicht des Fuchses und eines andern Bedienten ganz langsam ans Seeufer bringen.

Da ich alle Arbeiten beendigt, und alles Nöthige besorgt hatte, nahm ich von meinem Herrn, seiner Frau und der ganzen Familie mit bekümmerten Herzen und einem Strome von Thränen Abschied. Aber mein Herr, getrieben von Neugierde, oder (wenn ich mir damit schmeidieln darf) auch wirklicher Zuneigung und Liebe, wollte mich abfahren sehen, und hatte deßhalb noch einige Nachbarn zur Gesellschaft eingeladen. Ich muſte wohl eine Stunde warten, ehe die Flut hoch genug heran kam: als sich bald hierauf ein günstiger Wind erhob, der gegen die Insel hin blies, nahm ich zum zweitenmal von ihm Abschied. Ich wollte mich vor ihn niederwerfen, seinen Huf zu küssen, er war aber so gütig, denselben ganz sanft meinem Mund hinzureichen. Ich weis wohl, wie sehr ich in Ansehung dieses letzten Umstandes werde getadelt werden. Manche werden sagen, es sey ganz unwahrscheinlich, daß eine so erhabene Person sich so weit erniedrigen könnte, einer so geringen Person, als ich, eine so auszeichnende Huld zu erweisen. Ich weis auch recht wohl, daß manche Reisende sich sehr gern außerordentlicher Gunstbezeugungen rühmen, die sie in fremden Ländern genossen haben. Allein diese tadelsüchtigen Herrn würden ihre Meinung bald ändern, wenn sie mit dem edelmüthigen und höflichen Betragen der Houyhnhnms besser bekannt wären.

Ich machte den übrigen Houyhnhnms, welche meinen Herrn begleitet hatten, eine tiefe Verbeugung, stieg in meinen Kahn und stieß ihn vom Ufer ab,

Eilftes Kapitel.

Des Verfassers gefährliche Reise. Er kommt in Neu-
holland an, hoft sich daselbst niederlassen zu können,
und wird von den Einwohnern mit einem Pfeile
verwundet. — Man schleppt ihn in ein Portugiesisches
Schiff. Artiges Benehmen des Kapitains gegen
ihn. Ankunft des Verfassers in England.

Ich fieng meine verzweiflungsvolle Abreise den
15ten Febr. 1715 um neun Uhr Morgens an.
Der Wind war sehr günstig. Dessen ungeachtet bediente ich mich anfangs der Ruder. Da
ich aber überlegte, daß ich bald müde werden
würde, und der Wind sich wenden könnte, spannte ich mein kleines Seegel auf, und legte mit
Hülfe der Flut in einer Stunde einen Weg von
anderthalb Stunden nach meiner Rechnung zurück. Mein Herr und seine Freunde blieben am
Ufer, bis sie mich aus dem Gesicht verlohren
hatten. Oft hörte ich den Fuchs, der mich jederzeit sehr liebte, mit lauter Stimme nachru-
fen: Hnuy illa nnyha majah Yahoo. Habe Sorge für dich guter Yahoo!

Meine Absicht war, eine kleine unbewohnte
Insel zu entdecken, wo ich mir nur Hülfe

der Arbeit meiner Hände meinen nothdürftigen Lebensunterhalt verschaffen könne. Ich würde dies für ein größeres Glück gehalten haben, als erster Staatsminister an dem kultivirtesten europäischen Hofe zu seyn; so schrecklich war mir der Gedanke, wieder in Gesellschaft und unter der Regierung von Yahoos zu seyn. In so einer Einsamkeit, als ich mir wünschte, hätte ich wenigstens die Freiheit gehabt, meinen Gedanken nachzuhängen, und mit Vergnügen über die Tugenden der unnachahmlichen Houyhnhnms nachzudenken, ohne Anlaß zu bekommen, wieder in die Laster und Verderbnisse der Geschöpfe meiner Gattung zu fallen.

Der Leser wird sich vielleicht noch dessen erinnern, was ich bei Gelegenheit der Verschwörung meines Schiffsvolks gegen mich, und meiner Einsperrung in der Kajüte erzählt habe; daß ich nämlich einige Wochen in dieser Kajüte war, ohne zu wissen, wohin wir segelten, und daß die Matrosen, als sie mich in einem Boote ans Land brachten, mit falschen oder wahren Eidschwüren betheuerten, sie kennten nicht einmal den Welttheil, wo wir wären. Ich glaubte aber doch, daß wir ohngefähr zehn Grade südlich vom Vorgebirge der guten Hoffnung, oder fünf und vierzig Grad südlicher Breite wären, und auf diese Vermuthung brachten mich einige Worte, die ich zufällig gehört hatte, und woraus ich schloß, daß sie die Absicht hätten, nach Madagaskar zu segeln. Ob dies nun gleich nicht vielmehr als Vermuthung war, so nahm ich doch meinen Lauf Ostwärts, in der Hoffnung, die südliche Küste von Neu-Holland oder doch vielleicht eine Insel, so wie ich wünschte, zu erreichen, die von diesem Lande gegen Westen läge. Der Wind kam ganz aus dem Westen, und Abends um sechs Uhr rechnete ich ohngefähr achtzehn Meilen zurückgelegt zu haben, als ich in der Entfernung von ohngefähr einer halben Meile eine kleine Insel entdeckte, die ich auch bald erreichte. Sie bestand aber nur aus einem Felsen mit einer Bucht, welches von den tobenden Wellen nach und nach ausgehöhlt war. Ich fuhr mit meinem Kahn hinein, und erstieg einen Theil des Felsens, von welchem ich sehr deutlich nach Osten hin festes Land erkennen konnte, das sich von Süden nach Norden erstreckte. Ich blieb die ganze Nacht über in meinem Kahn, setzte am frühen Morgen meine Reise fort, und landete nach sieben Stunden an der südöstlichen Spitze von Neu-Holland. Dies bestätigte mich in meiner schon lange gehegten Muthmaßung, daß unsere Land- und Seekarten dies Land wenigstens drei Grade weiter nach Osten hin setzen, als es wirklich liegt. Einige Jahre nachher habe ich diese Meinung meinem würdigen Freunde Hrn. Herrman Moll mitgetheilt, und ihm auch die Gründe dazu angegeben, allein er ist noch immer dem Ansehen älterer Schriftsteller gefolgt.

Ich sah an dem Orte, wo ich landete, keine Einwohner, und fürchtete mich, da ich keine Waffen hätte, tiefer ins Land zu gehen. Am Ufer fand ich einige Schaalthiere, welche ich roh aß, weil ich aus Furcht vor den Einwohnern es nicht wagte, Feuer anzumachen. Ich blieb drei Tage hier, und lebte von Austern und Fischen, um meinen kleinen Mundvorrath zu sparen, und glücklicher Weise fand ich einen Bach von vortreflichem Wasser, das mich sehr erquickte.

Am vierten Tage wagte ich mich früh morgens etwas zu tief ins Land, und entdeckte von einer Anhöhe auf einmal kaum hundert Schritt von mir, zwanzig bis dreißig Eingeborne, die kaum hundert und funfzig Schritt von mir entfernt waren. Männer, Weiber und Kinder waren nackt und saßen, wie ich aus dem Rauche vermuthete, um ein Feuer herum. Einer von ihnen wurde mich gewahr, und gab den übrigen einen Wink. Sogleich standen fünf davon auf und kamen auf mich zu. Ich lief so schnell als ich konnte, nach dem Ufer, stieg in meinen Kahn, und stieß vom Lande. Als die Wilden mich flüchten sahen, schossen sie Pfeile ab, von denen einer mich in der Kniekehle so tief verwundete, daß ich die Narbe mit ins Grab nehmen werde. Ich fürchtete, der Pfeil möchte vergiftet seyn; sobald ich daher durch Rudern außerhalb ihrem Schusse war, sog ich mit vieler Mühe die Wunde aus, und verband sie so gut als möglich. Ich war jetzt verlegen, was ich thun sollte. An den nämlichen Landungsplatz durfte ich nicht wagen zu fahren. Ich muste also meinen Lauf nach Norden nehmen, und aus allen Kräften rudern, weil der Wind, ob er gleich sehr gelinde war, aus Nordwesten wehete. Ich war nun ziemlich weit entfernt, daß ich anfieng mich nach einen neuen Landungsplatze umzusehen, als ich gegen Nord Nordost ein Segel erblickte, welches mit jedem Augenblicke sichtbarer wurde. Ich war unschlüssig, ob ich das Schiff erwarten sollte, oder nicht. Endlich aber siegte doch mein Abscheu gegen das ganze Yahoo Geschlecht, drehte meinen Kahn, segelte und ruderte gegen Süden, und fuhr in die nämliche Bucht, welche ich am Morgen verlassen hatte, und wollte mich lieber den Händen der Barbaren überlassen, als unter Europäischen Yahoos leben. Ich zog meinen Kahn so nahe als möglich ans Ufer, und verbarg mich hinter einem Steine nahebei dem Bache, der, wie ich schon erwähnt habe, vortrefliches Wasser hatte.

Das Schiff näherte sich der Bucht auf eine Viertelstunde, und schickte ein Boot mit Fässern ab, um selbst Wasser einzunehmen. Diese Bucht schien also ein schon bekannter Ort zu seyn. Ich bemerkte dies aber nicht eher, als bis das Boot fast am Lande und es schon zu spät war, mich zu verbergen. Die Matrosen erblickten bei ihrem Landen meinen Kahn, durchsuchten ihn, und konnten leicht vermuthen, daß der Eigenthümer nicht weit entfernt wäre. Vier derselben durchforschten hierauf alle Ritzen und Höhlen, und fanden mich hinter dem Steine flach auf meinem Gesichte liegen. Sie staunten eine Weile über meine sonderbare Kleidung, über meinen aus Häuten zusammengenähten Rock, über meine mit Holz besohlten Schuhe, und meine haarigten Pelzstrümpfe, schlossen aber hieraus, daß ich kein Eingebohrner des Landes sey, welche sämtlich nackt giengen. Einer von den Matrosen redete mich in portugiesischer Sprache an, und hies mich aufstehen. Ich verstand diese Sprache sehr gut, stand auf und antwortete. „Ich bin ein armer, aus dem Lande der Houyhnhnms verbannter Yahoo, und bitte die Herren, mich in Ruhe meine Wege gehn zu lassen." Sie wunderten sich, mich in ihrer Sprache antworten zu hören, und sahen aus meiner Gesichtsfarbe, daß ich ein Europäer seyn müßte, wüßten aber nicht, was ich unter Yahoos und Houyhnhnms meinte. Zugleich brachen sie über meinen seltsamen Ton, welcher dem Wiehern eines Pferdes glich, in ein lautes Gelächter aus. Ich zitterte die ganze Zeit über vor Furcht und Aerger. Ich bat sie wieder, mich gehen zu lassen, und gieng ganz langsam nach meinem Kahn hin. Allein sie faßten mich an, ließen mich nicht los, und wollten wissen, aus welchem Lande ich wäre? woher ich käme und dergl.? Ich antwortete, ich wäre ein geborner Engländer, und hätte mein Vaterland vor ungefähr fünf Jahren verlassen, da zwischen unsern und ihrem Lande Friede gewesen wäre. Ich hoffte also, sie würden mich nicht feindselig behandeln, da ich nichts Arges gegen sie vor hätte, sondern ein armer Mahoo wäre, der ein einsames Plätzchen suchte, wo er den Ueberrest seines unglücklichen Lebens zubringen könnte.

Als sie anfiengen zu reden, glaubte ich in meinem Leben keine widrigern Töne gehört zu haben. Denn sie kamen mir so abscheulich vor, als wenn in England ein Hund oder eine Kuh, oder im Lande der Houyhnhnms ein Mahoo reden wollte. Die guten Portugiesen wunderten sich eben so sehr über meine sonderbare Kleidung, und meine seltsame Aussprache, ob sie gleich meine Worte verstanden. Sie sprachen sehr leutse-

11. Kap. Des Verfassers gefährliche Reise. 255

lig mit mir. Und sagten, sie wären überzeugt, ihr Kapitain würde mich unentgeltlich nach Lissabon mitnehmen, worauf ich alsdann in mein Vaterland zurückkehren könnte. Zwei Matrosen wurden sogleich nach dem Schiffe rudern, dem Kapitain von allem Nachricht geben, und Verhaltungs-Befehle hohlen; indeß sollte ich mit einem Eide geloben, nicht zu entfliehen, sonst würden sie Gewalt brauchen, und mich binden. Ich hielt es für das Beste mich nach ihrem Willen zu fügen. Sie waren sehr neugierig, meine Geschichte zu wissen, und ich konnte ihre Neugierde nur sehr schlecht befriedigen. Sie vermutheten alle, die mancherlei Unglücksfälle hätten mein Gehirn zerrüttet. Nach zwei Stunden kam das Boot, welches mit frischem Wasser beladen abgegangen war, mit dem Befehle des Kapitains zurück, mich auf das Schiff zu bringen. Ich flehte auf meinen Knien um meine Freiheit, aber vergebens. Die Matrosen banden mich mit Stricken, und schleppten mich ins Boot, führten mich auf das Schiff, und dann in die Kajüte des Kapitains.

Er hieß Pedro de Mendez, und war ein sehr artiger und großmüthiger Mann. Er bot mich, ihm meine Begebenheiten zu erzählen, und fragte, was ich essen oder trinken wollte. Ich sollte, sagte er, alles so gut, wie er selbst, haben, und bediente sich durchaus solcher verbindlicher Ausdrücke, daß ich mich wunderte, bei einem Yahoo so viel Artigkeit zu treffen. Dessenungeachtet schwieg ich still, und war sehr finster. Der ekelhafte Geruch von ihm und seinen Leuten hätte mich beinah ohnmächtig gemacht. Endlich verlangte ich einiges Essen aus meinem Kahn. Allein der Kapitain ließ mir ein gebratnes Hühnchen und vortreflichen Wein vorsetzen, und befahl hierauf, mich in einer sehr reinlichen Kajüte zu Bett bringen. Ich wollte mich nicht auskleiden, sondern legte mich mit meinem häutenen Anzuge aufs Bett hin, schlich mich bald hernach, als ich glaubte, daß die Matrosen mit Essen beschäftigt wären, leise hinweg, und gieng auf das Verdeck, um mich ins Meer zu stürzen, und eher durch Schwimmen mein Leben zu retten, als unter Yahoos zu leben. Aber ein Matrose hinderte mich an diesem Vorhaben, zeigte es dem Kapitain an, und ich wurde in meiner Kajüte gefesselt.

Nach dem Essen kam Don Pedro zu mir, fragte mich um die Ursache, die mich zu so einem verzweifelten Entschlusse bewegen könnte, und versicherte mich, daß er mir alle mögliche Gefälligkeiten erzeigen wolle. Dies sagte er mit einem so rührenden Tone, daß ich mich endlich herabließ,

ließ, ihn als ein Geschöpf zu behandeln, welches ein wenig Vernunft hätte. Ich möchte ihm nun eine kurze Beschreibung von meiner Reise, von der Verschwörung meines Schiffsvolks gegen mich, von dem Lande, wo sie mich ausgesetzt hatten, und von meinem langen Aufenthalte daselbst. Allein er hielt meine ganze Erzählung für einen Traum, oder eine Einbildung, welches mich nicht wenig verdroß. Ich hatte die Fähigkeit zu lügen, welche den Yahoos in allen Ländern, wo sie die herrschenden Geschöpfe sind, so eigen ist, vergessen, und folglich auch die Neigung, das, was andere ihrer Gattung sagen, in Zweifel zu ziehen. Ich fragte ihn daher, ob es in seinem Lande Mode sey, das Ding zu sagen, das nicht wäre? und versicherte ihn, ich hätte ganz und gar vergessen, was er unter einer Unwahrheit verstände, und ich würde, wenn ich tausend Jahr unter den Houyhnhnms gelebt hätte, von dem niedrigsten Knechte nie eine Lüge gehört haben. Doch möge er das, was ich ihm erzähle, glauben oder nicht, so wollte ich doch in Ansehung der mir erwiesenen Gefälligkeiten gegen seine verderbte Natur Nachsicht haben, und ihm alle seine Einwürfe beantworten, wodurch er die Wahrheit sehr leicht würde entdecken können.

Der Kapitain machte als ein sehr kluger Mann einige Versuche, mich während meiner Erzählung bei irgend einem Widerspruche zu ertappen, allein endlich begann er doch gegen die Wahrheit derselben weniger mißtrauisch zu seyn. Und sagte alsdann, da ich der Wahrheit eine so unverbrüchliche Treue geschworen, so sollte ich ihm bei meiner Ehre geloben, ihn auf seiner Reise nach Lissabon zu begleiten, ohne gegen mein Leben etwas zu versuchen, weil er mich in diesem Falle von meinen Banden befreien, außer dem aber als einen Gefangenen behandeln, und so nach Lissabon führen würde. Ich versprach ihm dies, versicherte ihn aber zugleich, daß ich aber die größten Drangsale ausstehen und zurückkehren wollte, als mein Leben beständig unter Yähoos zuzubringen.

Auf unserer ganzen Reise fiel nichts merkwürdiges vor. Aus Dankbarkeit gegen den Kapitain setzte ich mich zuweilen auf sein dringendes Bitten zu ihm, und gab mir Mühe, meinen Widerwillen gegen das Menschengeschlecht zu unterdrücken. Manchmal brach derselbe doch aus, aber der Kapitain that, als ob er dies nicht bemerkte. Den größten Theil des Tages saß ich in meiner Kajüte, um den Anblick des Schiffsvolks zu vermeiden. Der Kapitain bat mich oft bringen, meine Wilden Kleidung abzulegen, und bot mir von seinen Kleidungsstücken die beste an, allein hiezu konnte er mich durchaus nicht bereden; ich hatte einen Ekel davor, mich mit Kleidern zu bedecken, die auf dem Leibe eines Yahoo's gewesen wären. Ich bat ihn nur, mir zwei reine Hemden zu leihen, wodurch ich, da sie gewaschen waren, meinen Leib nicht so sehr zu beflecken glaubte. Von diesen zog ich immer um den andern Tag eins an, und wusch sie selbst.

Wir kamen den 15ten Nov. 1715 in Lissabon an. Als wir ans Land stiegen, muste ich des Kapitains Mantel überziehen, damit sich nicht der Pöbel um mich herum versammeln möchte. Er führte mich in sein Haus, und gab mir auf mein ernstliches Bitten das oberste Zimmer im Hinterhause. Ich beschwor ihn, von dem, was ich ihm von den Houyhnhnms erzählt hätte, gegen Niemanden etwas zu erwähnen, weil das Mindeste, was davon bekannt werden würde, nicht nur eine Menge Menschen herbeilocken möchte, mich zu sehen, sondern mich auch der Gefahr aussetzen könnte, gefangen genommen und auf Befehl der Inquisition verbrannt zu werden. Der Kapitain beredete mich, ein ganz neues Kleid anzunehmen, weil ich von dem Schneider mir nicht wollte das Maaß nehmen lassen. Da Don Pedro beinahe von meiner Größe und Stärke war, so paßte es mir ziemlich gut. Er lies mir auch noch andre nöthige Sachen ganz neu verfertigen, wovon ich aber nicht eher Gebrauch machte, als nachdem ich sie vier und zwanzig Stunden in der frischen Luft hatte hängen lassen.

Der Kapitain hatte keine Frau, und nur drei Bediente, von denen aber keiner bei Tische aufwartete. Sein ganzes Betragen war so artig, und er zeigte so einen guten Menschenverstand, daß ich seine Gesellschaft erträglich fand. Er vermochte so viel über mich, daß ich es wagte, aus dem hintern Fenster zu sehen. Nach und nach brachte er mich in ein anderes Zimmer, wo ich auf die Straße heraussah, aber ganz erschrocken meinen Kopf wieder zurückzog. Nach Verlauf einer Woche bewog er mich, bis vor die Thür zu gehen; mein Schaudern nahm allmählich ab, aber mein Haß und meine Verachtung gegen das Menschengeschlecht schien sich zu vermehren. Endlich war ich kühn genug, mit ihm über die Straße zu gehen, hielt mir aber die Nase oft zu, und nahm öfters eine Priß Tobak.

Nach zehn Tagen stellte mir Don Pedro, dem ich von meinen häuslichen Verhältnissen einiges erzählt hatte, die Nothwendigkeit, nach meinem Vaterlande zurückzukehren, als eine Ehren= und Gewissenssache vor. Er sagte mir, daß im Hafen ein segelfertig englisches Schiff läge, das eben nach England zurückgienge. Er wolle mich mit allen Nothwendigkeiten versehen. Ich übergehe seine Gründe und meine Gegenantworten, welche für den Leser viel zu langweilig seyn würden. Er setzte am Ende noch hinzu, es wäre durchaus unmöglich, eine solche einsame Insel zu finden, als ich wünschte; in meinem Hause aber hätte ich zu befehlen, und könnte mein Leben so einsam hinbringen, als es mir beliebte.

Endlich entschloß ich mich, da ich nichts besseres ausfindig machen konnte, und reiste am 29sten November auf einem englischen Kauffartheischiffe von Lissabon ab; ohne auch nur einmal zu fragen, wer der Kapitain des Schiffs sey. Don Pedro begleitete mich bis ans Schiff, und lieh mir zwanzig Pfund. Er nahm sehr freundlich Abschied von mir, und umarmte mich, welches ich geschehen lassen muste. Während der ganzen Reise hatte ich weder mit dem Kapitain, noch irgend Jemanden auf dem Schiffe

Umgang, sondern schloß mich unter dem Vorwande einer Unpäßlichkeit in meine Kajüte ein. Den 5ten December 1715 warfen wir in den Dünen Anker, und um drei Uhr Nachmittags kam ich gesund in meinem Hause an.

Voll Staunen und Freude empfieng mich meine Frau und Kinder, welche mich lange für tod gehalten hatten. Aber ich muß offenherzig bekennen, daß mich ihr Anblick mit Widerwillen, Abscheu und Verachtung erfüllte, und zwar um so mehr, da ich mich zugleich an die nahe Verwandschaft erinnerte, in welcher ich mit ihnen stand. Denn ob ich mir gleich seit meiner unglücklichen Verbannung aus dem Lande der Houyhnhnms alle Gewalt anthat, den Anblick der Yahoos zu ertragen, und mit Don Pedro de Mendez umzugehen, so schwebten doch meinem Gedächtnisse und meiner Fantasie beständig die Tugenden der vortreflichen Houyhnhnms vor. Dacht' ich nun vollends daran, daß ich durch eheliche Verbindung mit einem weiblichen Yahoos, Vater mehrerer Yahoos geworden, so wurde ich von Schaam, Verwirrung und Abscheu ganz zu Boden geschlagen.

Meine Frau empfieng mich bei meinem Eintritt mit offenen Armen, herzte und küßte mich.

Da Ich, so viele Jahre von keinem, der mir so verhaßten Yahoos berührt worden war, so fiel ich davon in eine Ohnmacht, die beinah eine Stunde dauerte.

Seit jener Stunde sind nun bis jetzt, da ich dies schreibe, fünf Jahre verflossen. Im ersten Jahre war mir die Gegenwart meiner Frau und meiner Kinder unerträglich; schon der Geruch war mir unausstehlich, noch viel weniger konnte ich leiden, daß sie in dem nämlichen Zimmer mit mir aßen. Selbst jetzt dürfen sie es noch nicht wagen, mein Brod zu berühren, oder mit mir aus einem Glase zu trinken. Ich wäre auch nicht im Stande, mich von ihnen angreifen zu lassen. Das erste Geld, welches ich ausgab, war für zwei junge Hengste, welche ich in einem niedlichen Stall habe. Nach diesen Hengsten ist der Stallknecht mein Liebling, denn ich fühle meine Lebensgeister durch den Geruch, welchen er aus dem Stalle mitbringt, jedesmal gestärkt. Meine Pferde, mit welchen ich mich wenigstens alle Tage eine Stunde unterhalte, verstehen mich ziemlich. Sie haben noch keinen Zaum und noch keinen Sattel gefühlt, und sie lieben mich eben so sehr als sie unter einander in bestem Vernehmen mit einander leben.

Zwölftes Kapitel.

Des Verfassers Wahrheitsliebe. Seine Absicht bei Herausgabe dieses Werks. Sein Urtheil über die Reisebeschreiber, welche von der Wahrheit abweichen. Er protestirt gegen alle Verdrehung und falsche Auslegung seiner Worte. Beantwortung eines Einwurfs. Methode, Kolonien zu pflanzen. Der Verfasser lobt sein Vaterland, und rechtfertigt die Ansprüche an alle die Länder, die er beschrieben. Schwierigkeit sie zu erobern. Der Verfasser nimmt vom Leser Abschied, erzählt, wie er seine übrige Lebenszeit zubringen will, giebt noch einen guten Rath, und beschließt sein Werk.

Jetzt habe ich dir, geneigter Leser, eine getreue Erzählung von meiner sechzehnjährigen und siebenmonathlichen Reise gegeben, und dabei mehr auf Wahrheit als eine geschmückte Schreibart Rücksicht genommen. Ich hätte vielleicht, wie manche andere Reisebeschreiber dich mit seltsamen unwahrscheinlichen erdichteten Wunderdingen in Erstaunen setzen können, allein ich wollte lieber die Ereignisse und Begebenheiten in einer ungekünstelten Schreibart erzählen, weil ich mehr die Absicht hatte, zu belehren als zu belustigen.

Wer in entferntern Ländern gewesen ist, wohin ein Europäer selten kommt, der kann freilich mancherlei wunderbare See= und Landgeschöpfe beschreiben; allein der Hauptzweck eines Reisebeschreibers soll dahin gehen, die Menschen weiser und besser, und durch die guten sowohl als schlechten Beispiele fremder Völker vollkommener zu machen.

Ich wünschte, daß ein Gesetz vorhanden wäre, wodurch jeder Reisebeschreiber verbunden wäre, vor Herausgabe seiner Reisebeschreibung eidlich zu bekräftigen, er habe wider sein besser Wissen keine Unwahrheit drucken lassen; so würde die Welt nicht mehr so häufig betrogen werden, als es geschieht, indem einige Reisebeschreiber, um ihren Werken einen desto größern Abgang zu verschaffen, dem leichtgläubigen Leser eine Menge grober Märchen aufheften. In meinen jüngern Jahren habe ich manche Reisebeschreibungen mit den innigsten Vergnügen gelesen, allein seitdem ich selbst den größten Theil unserer Erdkugel durchreiset bin, und mich durch eigne Erfahrung von der Unwahrheit so viel erdichteter Erzählungen überzeugt habe, ekelt mich nicht nur vor den meisten von dieser Art Bücher, sondern ich werde auch über die Unverschämtheit derer, welche die Leichtgläubigkeit der Menschen so schändlich mißbrauchen, äußerst unwillig. Aus diesem Grunde habe ich bei Herausgabe dieser meiner Reisen, welche, wie meine Freunde mich versichern, meinen Landsleuten nicht unangenehm seyn wird, es mir zum Grundsatze gemacht, in keinem Stücke von der Wahrheit zu weichen, wozu ich auch ohnehin niemals werde in Versuchung gerathen können, so lange ich mich der Lehren und Beyspiele meines edelmüthigen Herrn, wie überhaupt der vortreflichen Houyhnhnms erinnern werde, deren demüthiger Zuhörer ich während einer geraumen Zeit zu seyn die Ehre hatte.

— Nec si miserum fortuna Sinonem
finxit, vanum etiam, mendacemque improbi
finget.

Ich weiß wohl, wie wenig Ruhm man sich durch Schriften erwirbt, wozu man weder Genie, noch Gelehrsamkeit, noch andere Talente, als nur ein gutes Gedächtniß und ein Tagebuch nöthig hat. Ich weis ferner, daß

Reisebeschreibungen, gleich Wörterbüchern, durch die Menge und das Gewicht derjenigen, welche zuletzt kommen, und also oben-auf liegen, niedergedrückt, und in die Vergessenheit versenkt werden. Es ist höchstwahrscheinlich, daß die, welche nach mir die Länder bereisen werden, die ich in diesem Werke beschrieben habe, durch Entdeckung meiner Irrthümer (wenn sie welche finden) und durch Hinzufügung anderer neuern Entdeckungen mich verdrängen, und die Welt vergessen machen werden, daß ich jemals ein Schriftsteller war. Dies würde mir nun freilich sehr wehe thun, wenn ich aus Ruhmsucht schriebe, da aber mein Zweck bloß das allgemeine Beste ist, so kann ich diesen nicht ganz verfehlen. Denn wer wird wohl das, was ich von den Tugenden der vortreflichen Houyhnhnms erzählt habe, lesen können, ohne sich seiner Laster zu schämen, wenn er sich als das vernünftige und herrschende Geschöpf seines Landes betrachtet? Ich übergehe jene entfernten Länder, die von Yahoos beherrscht werden, unter welchen die Brobdingnager noch die unverdorbensten sind, deren weise Grundsätze in der Staatskunst und Sittenlehre uns glücklich machen würden, wenn wir sie auszuüben suchten. Doch ich will dies nicht weiter auseinander setzen, sondern es dem Scharfsinn des Lesers überlassen, seine Bemerkungen und Anmerkungen darüber zu machen.

Es ist für mich ein sehr angenehmer Gedanke, ein Werk geschrieben zu haben, das wahrscheinlich von keinem Kritiker angegriffen werden wird, denn was für Einwürfe will man einem Schriftsteller machen, der nur einzig Thatsachen von entfernten Ländern erzählt, mit welchem wir weder in Rücksicht des Handels, oder durch sonstige Verträge in einiger Verbindung stehen. Ich habe sorgfältig alles vermieden, was man an den meisten Reisebeschreibern mit Recht tadelt. Ich habe ohne alle Parteisucht, ohne Leidenschaft, ohne Vorurtheile geschrieben, ohne weder gegen einzelne Personen, noch gegen ganze Gesellschaften übelwollende Absichten zu hegen. Meine Absicht ist die edelste. Ich will Menschen belehren und bessern, und ich glaube, ohne die Gränzen der Bescheidenheit zu verletzen, durch den langen Umgang mit den vortreflichen Houyhnhnms, mir hierin einen Vorzug anmaßen zu dürfen. Ich schreibe weder für Ruhm noch Geld, und erlaube mir nicht ein einziges Wort, welches durch Anspielung Anlaß geben könnte, auch den allerempfindlichsten Leser zu beleidigen. Ich glaube also, mit Recht mich für den untadelhaftesten

12. Kap. Des Verfassers Wahrheitsliebe.

Verfasser zu halten, an welchem die ganze Zunft der Anmerkungen-, Noten-, Kommentarien-, Kritiken- und Glossenmacher ihr Talent vergebens versuchen werden.

Man hat mir zwar ins Ohr geraunt, ich sey als ein englischer Unterthan, verbunden gewesen, bei meiner Zurückkunft, sogleich dem Staatssekretair ein Schreiben zu übergeben, in dem alle Länder, die ein Unterthan entdeckte, der Krone gehörten. Allein ich zweifle, ob wir die Länder, die ich beschrieben, eben so leicht würden erobert haben, als Ferdinand Cortez, das von nackten Menschen bewohnte Amerika. Gegen die Lilliputer eine Flotte auszurüsten, um sie zu unterjochen, würde sich der Mühe nicht verlohnt haben, und ich weiß nicht, ob es klug oder rathsam seyn würde, gegen die Brobdingnager einen Angriff zu wagen, ferner ob eine englische Armee es nicht für das allersicherste gehalten haben würde, dem Wirkungskreise der fliegenden Insel nicht zu nahe zu kommen. Die Houyhnhnms scheinen freilich nicht so gut zum Kriege gerüstet zu seyn, weil sie vom Kriege und den dazu nöthigen Kenntnissen, vorzüglich vom Schießgewehr nichts wissen. Dessenungeachtet möchte ich, wenn ich Staatsminister wäre, nicht rathen, sie anzuheißen. Ihre Klugheit, ihre Einigkeit, Unterschrockenheit und Vaterlandsliebe würde den Mangel an Kriegserfahrung hinlänglich ersetzen. Man stelle sich vor, wenn zwanzig tausend Houyhnhnms in die Mitte einer Europäischen Armee einbrächen, die Glieder verwirrten, allen Vorrath von Mund- und andern Bedürfnissen zertrümmerten, und durch fürchterliches Ausschlagen mit ihren Hinterfüßen die Gesichter der Krieger zu Mumien zerquietschten. — Anstatt also daran zu denken, diese großmüthige Nation zu unterjochen, wünschte ich vielmehr, sie wäre im Stande, oder geneigt, eine hinlängliche Anzahl Houyhnhnms nach Europa zu schicken, um die Bewohner desselben gesitteter zu machen, und in den ersten Gründen der Ehre, der Gerechtigkeit, Wahrheit, Mäßigkeit, Gemeingeist, Tapferkeit, Keuschheit, Freundschaft, Wohlwollen und Treue zu unterrichten, Tugenden, deren Namen in den meisten Sprachen übrig geblieben sind, und die sowohl in neuern als ältern Schriften vorkommen, wie ich aus meiner eigenen geringen Belesenheit beweisen kann.

Ich habe aber auch noch andere Gründe, welche mir den Muth benähmen, durch meine Entdeckungen die Länder Ihrer Majestät zu erweitern, denn ich gestehe, es fielen mir in dieser Hinsicht noch einige kleine Bedenklichkeiten bei. Ein Kaperschiff wird z. B. durch einen Sturm, ich weis nicht, wohin verschlagen; ein Schiffjunge entdeckt auf der Spitze des grossen Mastes Land; die Mannschaft landet, um zu rauben und zu plündern: sie trifft ein harmloses Volk, von dem sie freundlich aufgenommen wird; sie giebt dem Lande einen neuen Namen, nimmt für ihren Landesherrn förmlich Besitz, richtet ein wurmstichiges Bret, oder einen Stein zum Denkmahl auf, ermordet ein Paar Dutzend Einwohner, schleppt einem Haufen mit Gewalt ins Schiff, segelt nach Hause und erhält Pardon. Hier fängt sich unter dem Titel des göttlichen Rechts eine neue Herrschaft an: Schiffe werden mit erster Gelegenheit dahin abgesendet, die Einwohner vertrieben oder vertilgt; die Fürsten gefoltert, um ihre Schätze zu entdecken: man giebt Freiheit, alle Arten von Grausamkeit und Muthwillen zu verüben, das ganze Land raucht von dem Blute erschlagener Einwohner, und nun nennt man diesen zu einem so heiligen Geschäfte gebrauchten Auswurf von einer Henkersbande eine zur Belehrung und Kultivirung eines abgöttischen und barbarischen Volks abgeschickte Kolonie.

Doch dies Gemählde trifft keineswegs die Britische Nation, die durch ihre Weisheit, Sorgfalt und Gerechtigkeit bei Pflanzung neuer Kolonien ein Muster für alle Völker geworden ist. Sie giebt zu Beförderung der Religion und Wissenschaften beträchtliche Summen her, wählt nur fromme und geschickte Priester, das Christenthum zu verbreiten, sendet zur Bevölkerung dieser Länder nur Leute von vorzüglich gutem Lebenswandel und guten Sitten, vertraut die Civil-Verwaltung nur den geschicktesten und uneigennützigsten Männern an, und schickt die wachsamsten und tugendhaftesten Statthalter dahin, denen nur das Glück des ihnen anvertrauten Volks und die Ehre ihres Königs am Herzen liegt.

Da nun die Völker, welche ich hier beschrieben habe, nicht sehr geneigt scheinen, sich unterjochen, erwürgen, und durch Kolonisten aus ihrem Eigenthum vertreiben zu lassen; da sich ferner in ihren Ländern weder Geld noch Silber, weder Zucker noch Toback im Ueberflusse findet, so ist meine gehorsamste und unmaßgebliche Meinung, daß sie ganz und gar keine Gegenstände unseres Eifers, unserer Tapferkeit und unseres Interesses sind. Sollten

aber

aber die, denen diese Sache mehr am Herzen liegt, einer andern Meinung seyn, so bin ich bereit, gerichtlich zu behaupten, daß in die erwähnten Länder, in so fern nämlich die Einwohner Glauben verdienen, vor mir kein Europäer gekommen ist, die beiden Yahoos ausgenommen, welche man vor mehrern Jahrhunderten in dem Lande der Houyhnhnms im Gebürge getroffen hat.

Was die Formalität betrifft, diese Länder im Namen meines Landesherrn in Besitz zu nehmen, so ist mir so etwas nie in den Kopf gekommen, und wäre mir dergleichen eingefallen, so würde ich doch in Ansehung der Umstände, in welchen ich mich befand, aus Klugheit für mein Leben die Beobachtung derselben auf eine günstigere Gelegenheit verschoben haben.

Da ich nun den einzigen Einwurf, den man dem Anschein nach mir hätte machen können, beantwortet habe, so nehme ich nun von meinen Lesern Abschied, und kehre wieder in den kleinen Garten an meiner Wohnung zurück, um meinen Betrachtungen nachzugehen, und die vortreflichen Tugendlehren, welche ich unter den Houyhnhnms lernte, in Ausübung zu bringen,

die Yahoos in meiner Familie, so weit ihre
Gelehrigkeit es erlaubt, zu unterrichten, und
mich unaufhörlich in dem Spiegel zu besehen,
um nach und nach den Anblick menschlicher Geschöpfe gewohnt zu werden. Ich werde den
Mangel der Vernunft der Houhnhnms meines
Landes stets beklagen, sie aber meines edlen
Herrn, seiner Familie, und der ganzen Houyn-
hnhmschen Nation wegen, der sie an Gestalt
vollkommen ähnlich, aber am Verstande so sehr
ausgeartet sind, stets beklagen.

Vergangene Woche habe ich meiner Frau
zum erstenmal erlaubt, mit mir zu essen, doch
muste sie sich an das äußerste Ende des Tisches
setzen, und meine wenigen Fragen, aufs kürze-
ste beantworten. Da mir aber der Geruch eines
Yahoo so sehr zuwider ist, so stopfe ich meine
Nase mit Toback, Lavendel und andern riechen-
den Sachen beständig voll: indeß hoff ich, so
schwer es auch für einen Mann in meinen Jahren ist, alte Gewohnheiten abzulegen, es in
einiger Zeit dahin zu bringen, daß ich die Gesellschaft eines Yahoo werde ertragen können,
ohne mich vor seinen Zähnen oder Klauen zu
fürchten.

Es würde mir weniger schwer fallen, mich
mit dem Geschlechte der Yahoos zu versöhnen,

wenn sie sich bloß mit den Lastern und Thorheiten begnügten, wozu ihre Natur sie zu reizen scheint.) Der Anblick eines Advokaten, Beutelschneiders, Goldstaubs Lords, Narren, Spielers, Schwatzmauls, Kupplers, Arztes, Staats Verräthers u. dergl. bringt mich weiter nicht auf. Dies geht alles nach dem natürlichen Lauf der Dinge. Wenn ich aber einen an Seele und Leib verdorbenen und häßlichen Kerl noch von Stolz sich aufblähen sehe, dann verliehre ich alle Geduld, und ich begreife gar nicht, wie so ein Thier und so ein Laster sich mit einander vereinigen können. Die weisen und tugendhaften Houyhnhnms, welche alle Tugenden, die ein vernünftiges Wesen besitzen kann, in sich vereinigen, haben kein Wort in ihrer Sprache die Laster auszudrücken, indem sie überhaupt, wie ich schon erwähnt habe, nur für die bösen Eigenschaften der Yahoos Ausdrücke haben, unter denen sie aber den Stolz nicht haben bemerken können, weil sie die menschliche Natur, wie sie sich in den Ländern zeigt, wo der Mensch das herrschende Geschöpf ist, nicht hinlänglich kennen. Ich aber, der ich mehrere Erfahrung hatte, konnte die Grundzüge davon unter den wilden Yahoos recht gut bemerken.

Die Houyhnhnms, welche sich einzig von der Vernunft regieren lassen, bilden sich auf die guten Eigenschaften, die sie besitzen, so wenig ein, als ich mich etwas darauf einbilden könnte, daß ich zwei Arme oder Füße habe, auf die wohl kein vernünftiger Mensch stolz seyn wird, ob er gleich ohne dieselben ein elender Krüppel wäre. Ich habe mich bei diesem Gegenstande etwas länger aufgehalten, weil ich gern alles beitragen will, die Gesellschaft eines Yahoo erträglicher zu machen, und ersuche daher alle die, welche von diesem Laster etwas an sich haben, daß sie sich nicht unterstehen, mir unter die Augen zu kommen.

Ende.

www.ingramcontent.com/pod-product-compliance
Lightning Source LLC
Chambersburg PA
CBHW021956220426
43663CB00007B/839